비트코인블라블라

: 코린이를 위한 **30가지** 체크 포인트

CONTENTS

PROLOGUE

1부
: 투자 체크 포인트 10가지

2부
: 프로젝트 체크 포인트 20가지

EPILOGUE

인생의 방향이 흔들리는 것 같을 때마다

언제나 삶의 중심을 잡아준

나의 오랜 벗

Steve에게 이 책을 바칩니다.

PROLOGUE

안녕하세요. 크립토 노마드입니다.

지금 지구상에서 벌어지고 있는 주요 이슈들을 이야기할 때 비트코인은 빼놓고 싶어도 빼놓을 수가 없습니다. 비트코인을 비롯한 가상화폐 시장이 규모 측면에서도, 관심도 측면에서도 예상을 뛰어넘는 속도로 빠르게 성장하고 있기 때문입니다.

보통 비트코인 투자에 관심을 갖는 일반적인 개미 투자자들에게 가장 큰 관심사는 단연 투자 수익률입니다. 어쩌면 나도 그 누군가들처럼 100만 원을 순식간에 1000만 원으로 불리고, 1000만 원을 부지불식간에 1억 원으로 불릴 수 있기를, 꿈꾸고 바라고 소망하는 것입니다. 나는 아니라고 말할 수 있겠지만, 적잖은 사람들은 사실상 투기적 성격의 목적이나 의도를 가지고 비트코인 등 암호화폐 투자에 나섭니다. 투기는 아니더라도 사실상 투기적 수익률에 가까운 요행을 기대하는 심리가 어느 정도는 대부분 존재하는 것 같습니다.

그렇다 보니 암호화폐의 근간이라고 할 수 있는 블록체인 기술이나, 여기에서 비롯되는 탈중앙화의 특성, 첫 번째 가상화폐로서 비트코인이 가진 상징적인 의미나 실용적 가치 등은 관심 밖의 대상으로 밀리는 경우가 대부분입니다. 비트코인을 매수하면서도 비트코인이 뭐하는 코인인지 모르고 사고, 이더리움을 사긴 샀는데 더 오를 것 같아서 사는 식입니다. 에이다가 뭐하는 코인인지, 이더리움클래식은 이더리움과 어떤 차이가 있는 것인지 등은 애당초 궁금해할 생각도 하지 않은 채 '나도 그 누군가처럼'이라는 다소 요행에 가까운 생각과 목표를 가지고 시장에 뛰어드는 경우가 적지 않습니다.

물론, 이런 요행이 현실화되는 경우도 존재합니다. 어느 정도의 요행을 가지고, 암호화폐 시장에 대해 아무것도 모르는 상태지만, 그냥저냥 투자를 시작했고, 그런데 내가 산 종목이 엄청난 폭등을 하면서 왜 그런지는 모르겠지만 어쨌든 주식 시장에서는 기대하기 힘든 수익률을 경험하는 경우도 존재합니다.

아마도 2021년 초에 암호화폐 투자를 처음 시작하신 분들은 별다른 사전 지식이 없더라도 대부분 적잖은 수익을 얻었을 가능성이 높습니다. 비트코인이 2020년 연말부터 무려 반년 넘게 수직 상승을 했던 시기였기 때문에 대부분의 알트코인들도 폭등 수준의 시세 상승을 경험했습니다. '잠들기 전에 마이너스 수익률 종목을 아무거나 매수해라. 자고 일어나면 분명히 플러스 수익률로 변해 있을 것이다' 이런 말들이 흔하게 회자됐던 때였고, 이런 방식의 매매를 이른바 '수면 매매'라고 부르기도 했습니다.

그런데, 비트코인이 무려 8천만 원을 돌파했던 2021년 4월. 비트코인은 마치 끝없이 뚫려있는 하늘을 향해서 돌진해 우주로 날아갈 것만 같았고, 이때 꽤 많은 신규 투자자들이 시장에 유입됐습니다. 안타깝게도 이때 시장 상황에 대한 이해, 코인 프로젝트나 종목에 대한 이해 없이 '사놓으면 오르겠지'라는 심리로 매수 버튼을 눌렀던 아주 많은 초보 코인 투자자, 이른바 코린이들은 눈물의 시간을 겪어야 했습니다. 4월 말부터 흐름이 심상치 않더니 5월부터 본격적인 폭락장이 시작됐기 때문입니다.

2021년 4월 업비트 기준으로 8천만 원을 넘겼던 비트코인은 6월에는 3천만원 초반으로 고꾸라졌습니다. 4월에 시장에 진입해 이런 저런 묻지마 매수를 했던 코린이들은 최소 40%, 많으면 70% 정도까지 손해를 봐야 했습니다. 특히 잡코인이라고 불리는 시총 규모가 작은 소규모 코인들은 폭락의 폭이 더 컸기 때문에 손해의 규모 역시 커질 수밖에 없었습니다. 오죽하면 '알트코인들이 태초 시대로 돌아갔다' 이런 말들이 나올 정도로 비트코인이 7개월 연속 상승세를 보였을 때 알트코인들이 함께 받았던 시세들 역시 원래의 상태로 돌아갔던 것입니다.

2021년 상반기와 하반기 초입의 상황은 암호화폐 투자자들에게는 참 많은 의미들을 안겨주는 시기라고 개인적으로는 생각합니다. 워낙 변동성이 크다는 특징 때문에 수익도 클 수 있지만 리스크도 상상 이상으로 클 수 있습니다. 4월에 8천만 원 하던 비트코인이 6월에 3천만 원대로 폭락한 것만 봐도 변동성의 폭이 상상 이상이라는 점을 알 수 있습니다. 그래서 똑같이 투자를 해도 누군가는 돈을 버는데, 누군가는 손해를 봅니다. 시장의 흐름을 읽지 못하고 아무 때나 '내 것도 오르겠지'하는 마음에 매수를 하면 벌어질 수 있는 일입니다.

그런데 재미있는 점은 변동성의 폭은 아래를 향하기도 하지만, 위로 향하기도 한다는 점입니다. 비트코인이 회복을 하는 모습을 보이면 다른 알트코인들 역시 회복세를 보이고 어느 정도 마이너스 폭을 줄여주거나, 종목에 따라서는 플러스로 전환돼 수익으로 바뀌기도 합니다. 어제 마이너스 40%였던 것이 내일은 플러스 40%가 되는 곳이 바로 암호화폐 시장입니다.

기본적으로 이런 시장의 특성을 이해했다면, 비트코인을 비롯한 암호화폐에 투자하려는 우리는 시장의 흐름을 읽을 줄 알아야 합니다. 그래야 지금이 상승장인지, 하락장인지 알 수 있고, 뭣 때문에 오르고 내리는지, 또 뭣 때문에 오를 수 있고 내릴 수 있는지 등을 파악해야 합니다.

지금 왜 오르는지는 시장 상황에 대한 이슈 정리를 통해서 어느 정도 감을 잡을 수 있습니다. 또 어떤 종목이 어떤 호재를 가지고 있는지를 알면 시세 상승 시점을 대략적으로 예측할 수 있습니다. 그래서 코인 프로젝트에 대한 스터디는 귀찮아도 필수 체크를 해야 할 수밖에 없는 측면이 존재합니다. 내가 뭘 매수해서 투자를 할지, 언제 매도해서 수익률을 낼지도 여기서 기준점을 찾을 수 있습니다. 여기에다 차트를 읽고 해석하는 어느 정도의 능력까지 더해진다면 코린이로서는 제대로 된 투자 준비가 됐다고 말할 수 있지 않을까, 개인적으로 생각합니다.

이 책은 크게 두 가지 부분으로 이뤄져 있습니다. 먼저 큰 틀은 코린이로서 알아야 할, 체크해야 할 기본적인 투자 전략입니다. 뭘 사야 할지, 언제 사야 할지, 어떻게 매매를 해야 할지 기본 지식이 없는 초보 코린이 분들을 위한 내용들입니다.

그 다음으로는 프로젝트에 대한 이해입니다. 단순히 오른 것 같아서, 누군가 오른다고 해서 매수를 하는 게 아니라 프로젝트의 전망과 비전을 바라보고 매수하는 능력을 키우기 위한 정보들입니다. 투기가 아닌 투자의 측면에서 시장을 바라보는 것이기도 합니다. 이 책 한 권에 모든 프로젝트들을 다 담을 수는 없고 주요 메이저 종목들을 중심으로 현재 어떻게 돌아가고 있고, 어느 방향으로 향하면서 어떤 특징이 있는지 어떤 점을 유념해서 살펴봐야 하는지 등을 함께 짚어보도록 하겠습니다.

아마도 이 과정을 거치다 보면 자연스럽게 블록체인에 대한 이해도 역시 어느 정도 높아지게 될 것이고, 왜 지금 지구상 모든 나라, 많은 기업들이 블록체인에 관심을 갖고 있는 지도 더 세밀하게 바라보실 수 있게 될 것이라고 생각합니다.

본격적인 시작에 앞서 이 책의 한계점에 대해서도 말씀드릴까 합니다.

이 책은 차트를 읽고 해석하는 방법을 다루지는 않습니다. 저 스스로도 전문 트레이더가 아니기 때문에 차트에 대한 이해는 다른 도서나 유튜브 영상을 참고하시면 더 좋을 것 같습니다. 기본적인 차트 해석 능력은 코인 투자가 됐든 주식 투자가 됐든 기본 중의 기본에 해당하기 때문에 이 책에서 다루게 될 2가지 큰 틀에 더해서 차트 해석 능력까지 더해진다면 누군가의 도움없이도 자발적인 매수 매도 판단을 할 수 있게 되지 않을까 생각됩니다.

이 책은 블록체인과 가상화폐에 대한 전문적이거나 기술적으로 세부적으로 다루지는 않습니다. 시세가 오를 가능성이 있는 종목들을 추려서 정리한 것도 아닙니다. 여러분들과 같은 일반 투자자로서 진행한 저의 리서치 결과를 정리한 것이고, 이 과정과 결과를 공유하는 것으로 바라봐주시면 좋을 것 같습니다.

이 책은 적어도 비트코인에 투자를 할 때, 비트코인이 뭐하는 코인이고 왜 세상은 비트코인을 가지고 이렇게 말들이 많고 대체 왜 계속 오를 것이라는 전망과 주장이 나오는지는 알고서 투자를 해야 한다는 점을 다루게 됩니다. 주식을 투자할 때 최소한 기업에 대한 분석을 진행하고 투자를 하는 것처럼, 코인 역시 프로젝트에 대한 이해와 분석을 한 뒤에 투자를 해야 투기적 목적이 아닌 정상적인 투자에 가까워질 수 있다고 생각하기 때문입니다.

이 책은 그래서 코인 투자를 처음 하시는 분들이 첫 투자 결정을 내리는데 조금이나마 도움이 될 수 있도록 하는 것을 가장 1차적이면서 최종적인 목표로 상정하고 있습니다.

그래서 저는 이 책이 일반인들이 크립토 산업과 블록체인의 혁신을 이해할 수 있는 가장 첫 출입구로 역할을 해주기를 바라고, 아주 조금이나마 이런 방향으로 도움이 될 수 있다면 이 책의 존재 목적은 달성된 것이 아닐까 생각됩니다.

그럼,
시작하겠습니다.

1부

투자 체크 포인트 10가지

01

투자 스탠스 정립 – 단기 투자? 중장기 투자?

"2억 원을 600억으로 불렸다"

비트코인이 2021년 최고점을 찍은 뒤 국내 굴지의 기업으로 꼽히는 곳에서는 꽤나 재미있는 이야기들이 소문인듯 사실인듯 퍼져나갔습니다. 아주 간단히 정리하자면, 2억 원을 비트코인에 투자를 해서 600억 원으로 불렸고, 비트코인이 정점을 찍고나서 퇴사를 했다는 것입니다.

어디까지가 사실이고 어디까지가 루머인지는 명확하지 않습니다. 여러 이야기들에서 공통 분모는 종잣돈이 2억 원이었다는 것이고, 차이점이라면 최종 수익이 400억이다, 600억이다 이정도인 것 같습니다. 조금 거칠게 정리를 하면 ***'2억 원 비트코인 투자, 500억 원 정도 수익 달성'*** 이 정도가 될 것 같습니다.

결과만 놓고 보면 이 사람은 엄청 운이 좋아보이기도 하고, 돈벼락을 맞은 것 같기도 하고 그렇습니다. 하지만, 내가 그 인물처럼 2억 원이라는 종잣돈을 가지고 있을 때, 과연 비슷하게 투자하고 오랜 시간 기다릴 수 있었을까? 이건 생각해볼 필요가 있어보입니다.

국내 굴지 기업의 반도체 부문 직원으로 알려진 A씨는 2018년 비트코인이 급락을 했을 때, 과감하게 시드머니 2억 원을 비트코인에 투자했던 것으로 알려져 있습니다. 당시 비트코인이 400~500만 원 정도 시세를 형성하면서 저가 횡보를 이어갈 때였기 때문에 2021년 고점과 비교했을 때 최소 10배, 많게는 20배까지 수익률을 냈을 것이라고 생각할 수 있습니다. 여기에 만약 선물거래로 괜찮은 수익률까지 냈다고 하면 소문처럼 떠다니는 400억 원이든 600억 원이든 이 정도 수익은 충분히 가능할 것 같습니다.

A씨가 투자를 단행했던 2018년 즈음은 모두가 비트코인이 끝났다고 외칠 때였습니다. 2017년 12월 업비트 기준으로 2500만 원 가까이 시세가 치솟았고, 2018년 1월 들어서 2800만 원을 넘어섰습니다. 그러다 중국이 대대적인 비트코인 규제에 나서면서 비트코인은 한 달 동안 1/4 수준으로 폭락하게 됩니다. 당시 상황은 정말 처참했습니다. 이른바 큰손들이라고 불렸던 세력들은 알트코인 급등락을 유도해 개미 투자자들에게 폭탄을 넘기며 탈출했습니다.

비트코인의 하락은 2018년 1년 내내 이어졌는데, 2018년 1월 2800만 원을 넘겼던 비트코인은 연말에는 350만 원대로 90% 수준으로 폭락했습니다. 비트코인이 이 정도로 무너졌던 만큼, 알트코인들의 손실은 더 클 수밖에 없었는데 고점 대비 98% 정도 손실을 기록했습니다. '비트코인 시장은 망했다' 이런 말이 일상적으로 기성 언론과 온라인을 장식했고, 그래도 비트코인을 옹호하던 그룹이 있었지만, 그들조차 그게 3년 가까이 이어지는 빙하기의 초입이라고는 생각하지 못했을 것입니다.

A씨가 자신의 시드머니 2억 원을 투자했을 때는 이렇게 무시무시한 상황들이 현실로 그려졌을 때였습니다. 정확한 매수 단가를 알 수는 없지만, 300~500만 원 정도에서 매수했을 것으로 추정할 수 있습니다.

자, 생각해 보겠습니다. 100% 가까운 폭락이 이어지고 있는 투자 시장에서 여러분은 2억 원이라는 큰돈을 투자할 수 있을까요? 일단 A씨는 그걸 단행했습니다. 굉장한 용기가 있었을 테고, 어느 정도 비트코인 등 가상화폐 시장과 블록체인 혁신에 대해서 지식과 신뢰가 있었을 것이라고 추정해 볼 수 있습니다. 이런 제반적인 기본 신뢰 없이 2억 원이라는 큰돈을 망해가는 것처럼 보이는, 모두가 망한다고 목소리 높이고 있는, 그런 시장에 투자하기란 보통사람들에게는 어렵기 때문입니다. 쉽게 말해 A씨는 큰 리스크를 감수하고 더 큰 보상을 노리기 위해서 리스크 테이킹을 선택한 것이고, 결과적으로 리스크 어워드를 얻은 것입니다.

A씨 사례에서 우리가 또 하나 바라봐야 하는 지점은 그가 비트코인 투자에 쏟아부은 시간입니다. 적잖은 사람들은 비트코인 등 가상화폐에 돈을 투자하고 나면, 시간이 날 때마다 거래소 애플리케이션을 확인합니다. 일 하다가도 확인, 밥 먹다가도 확인, 화장실에서도 확인, 심지어 자다 깨서도 시세를 확인합니다. 우스갯소리로 하루 종일 외국 시세와 한국 시세의 차이를 의미하는 '김치 프리미엄'을 생각하다, 식당에서 김치볶음밥 대신 김프볶음밥을 주문했다는 에피소드가 회자되기도 했습니다.

변동성이 큰 시장이기 때문에 혹시 내가 선택한 코인이 급등하지는 않았을까 기대감이 자리하고 있기 때문입니다. '10%만 올라도 매도한다'

'40% 오르면 매도한다' 등등 급등에 대한 기본적인 기대감은 투자의 전제 조건처럼 여겨지기도 합니다. '나는 단기 투자자야'라고 대놓고 말하는 사람이 많지는 않지만, 적잖은 사람들은 이런 큰 변동성을 기대하면서 사실상 나도 모르게 투기성 단기 투자에 집착하고 있는 경우가 많습니다.

그런데, A씨의 경우에는 무려 3년 가까운 시간을 기다리면서 장기 투자의 스탠스를 유지했습니다. 그 사이에도 마음 먹으면 매도했을 법한 시기, 손절을 각오하더라도 시장을 떠나고 싶어하는 시기는 굉장히 많습니다. 무려 3년 가까이 가상화폐 시장에는 말 그대로 빙하기가 찾아왔기 때문입니다.

물론, 고점에 매수해서 어쩔 수 없이 버텨야 했던 사람들도 많았지만, A씨의 경우에는 폭락장에서 저가 매수를 했기 때문에 어느 정도는 수익권을 계속 유지했을 가능성이 높습니다. 그렇게 기다리고, 또 기다리고. 그렇게 긴 기다림 뒤에 빙하기는 사라지는 듯한 모습이 보여졌고, 서서히 얼었던 얼음들이 녹아내리기 시작했습니다. 뭔가 가상화폐 시장에 빛이 조금씩 들기 시작한 것은 2019년 5월의 일입니다. 그때 500만 원대에서 거래되던 비트코인이 천 만 원을 넘기기 시작했기 때문입니다.

그렇게 1년 정도 비트코인 시세가 천 만 원 전후에서 오르내리며 조금씩 상승의 가능성을 내비치더니, 2020년 11월, 우리는 비트코인의 부활을 보게 됐고, 가상화폐 시장에는 그렇게 엄청난 훈풍이 한꺼번에 몰아닥쳤습니다.

그렇게 비트코인은 2021년 4월까지 무려 7개월 연속 상승했고, 8천만 원을 넘어서며 신고가를 달성했습니다. 무려 7개월 동안 오를 때, 여러분 같으면 어떻게 하셨을 것 같나요? 3년 가까이 너무 오래 기다리다 지쳐 원금 회복이 되자마자 부랴부랴 매도하는 경우도 있었을테고, 누군가는 조금씩 분할 매도를 하면서 원금을 지키면서 수익을 노리는 방식을 선택했을 것이고, 또 다른 누군가는 최고점을 기다리다 매도를 하면서 엄청난 수익을 얻었을 것입니다.

A씨는 최고점 부근에서 자신이 매수했던 비트코인 대부분을 매도했던 것으로 보입니다. 2억 원을 투입했던 비트코인이 수십배가 오른 상황에서 매도를 결정했고, 400억 원이든 600억 원이든 일반인들이 상상하기 힘든 수익률을 올리면서 새로운 인생을 맞이하게 됐던 것입니다.

A씨의 사례를 통해서 우리가 살펴봐야 하는 것은 크게 2가지입니다. 하나는 폭락장을 기회의 장으로 활용했던 그의 승부수이고, 또 하나는 장기 투자의 결과물입니다.

폭락장이 기회의 장이 될 수 있을 것이라는 판단은 비트코인 시장과 블록체인 혁신에 대한 신뢰가 있을 때 가능합니다. 이 부분은 이 책 전반에서 지속적으로 살펴볼 것이고, 주요 프로젝트들의 펀더멘털을 분석하는 이유도 시장에 대한 기본 지식, 이를 통해 시장과 프로젝트에 대한 신뢰 형성을 목표로 하고 있습니다.

그래서 A씨의 사례에서 우리가 좀 더 집중해서 봐야 할 점은 투자 기간입니다. 단기투자를 할 것인가, 장기투자를 할 것인가, 이걸 결정하는 것은 결코 쉬운 문제가 아닙니다. 그나마 주식투자 경험이 있으면 조금 수월한데, 그조차 없는 초짜 투자자, 코린이라면 일단 자신의 투자 스탠스를 명확하게 할 필요가 있어보입니다.

변동성이 큰 암호화폐 시장의 특성을 활용해서 순간적인 시세 변화를 활용해 수익을 올리는 단기투자를 할 것인지, 일단 사놓고 묵은지 묵히듯이 길게 가져가는 장기투자를 할 것인지를 먼저 결정하지 않으면 엄청난 폭락을 보여주는 변동성이 찾아왔을 때 대처하기가 쉽지 않습니다.

장기 투자자에게는 폭락의 강도는 그렇게 중요하지 않습니다. 묵은지 만들듯이 오랜시간 묵힐 것이기 때문에 지금의 단기 변동은 큰 의미가 없습니다. 투자자금 여유가 있을 경우에는 폭락할 때 추가 매수를 통해, 코인의 수량을 늘려 추후 더 시간이 지났을 때 더 큰 수익을 노려보는 투자 전략을 노려보기도 합니다. 그래서 갑자기 어떤 외부충격으로 시장이 폭락했을 때도 크게 개의치 않습니다.

단기 투자자는 상황이 다릅니다. 당장 지금 실시간의 시세 변동에 집중해서 수익을 노리기 때문에 시장의 폭락은 인생의 절망과 거의 동일하게 받아들여질 가능성도 존재합니다. 단기적으로 큰 수익을 얻기 위해서 2억 원을 투자했는데 2018년처럼 그게 반토막 이상으로 순식간에 날라가버린다면, 제 정신으로 대응하기 결코 쉽지 않을 것입니다.

하지만, 단기 투자나 기간이 더 짧은 단타 대응의 경우에는 거의 실시간으로 수익을 낼 수 있다는 엄청난 장점이 있습니다. 손이 빠르고 머릿속으로 실시간으로 변동성이 계산되는 능력이 있는 경우에는 단타를 통해서도 엄청난 수익을 올리는 경우가 실제로 존재합니다. 코인 단타 매매로 강남에 아파트를 마련했다는 전설도 꽤나 많이 회자되고 있습니다.

그래서 내 투자 성향은 내 능력에 맞춰서 결정을 할 필요가 있습니다. 그래야 대응방식이 결정되고, 그래야 긴급 상황이 생겼을 때 멘탈 케어가 가능해지기 때문입니다. 이 책은 기본적으로 중장기투자를 기저에 깔고 있습니다. 프로젝트의 특성과 펀더멘털을 살핀다는 것 자체가 단기투자자에게는 그다지 중요한 이슈가 아닐 수 있지만, 장기 투자 종목을 고르는 투자자에게는 엄청 중요한 부분이 될 수 있습니다. 주식투자를 할 때 장기적으로 성장할 가능성이 있는 기업인지 기업분석을 하는 것과 비슷하다고 볼 수 있습니다.

따라서, 주식이든 코인이든 투자 시장이 처음이신 분들은 일단 내가 원하는 투자 스탠스, 나에게 적합한 투자 방식, 내가 잘 할 수 있는 방식을 어느 정도 결정을 하고 접근하실 필요가 있습니다.

이도저도 잘 모르겠다 싶으신 분들의 경우에는 하이브리드 형으로 선택하시는 것도 하나의 방법이 될 수 있습니다. 시드의 60%는 장기투자, 나머지 40%는 단기투자 이렇게 결정하고 투자에 나서는 것도 전략적인 접근이 될 수 있기 때문입니다. 하다보면 알게 되는 부분들이 있기 때문에 비중을 조절해가다 보면 나의 투자 성향 역시 확인할 수 있지 않을까 생각됩니다.

주식이든 암호화폐든, 모든 투자는 나의 자산이 들어가는 이슈입니다. '누가 그러는데 그거 오른대' 이런 식의 단편적인 정보를 가지고 팔랑귀 대응을 하면 단편적인 결과를 맞이하기 무척 쉽습니다. 시세 폭락이라는 아주 간단한 단편적인 결과가 그것입니다. 투자의 귀재, 오마하의 현인이라고 불리는 워렌 버핏의 기본 투자 원칙은 장기투자입니다. 워낙 오래 투자해서 그의 투자 방식은 '가치투자'라고 불리기도 합니다.

저는 개인적으로 이름들으면 알만한 유명한 크립토 셀럽들, 이를 테면 테슬라 CEO 일론 머스크나 트위터 CEO 잭 도시가 단타를 쳤다는 이야기를 들어본 적이 없습니다. 단타의 즐거움과 기쁨, 가능성도 충분히 있겠지만, 순전한 개인적인 생각으로는 비트코인 시장 역시 장기투자, 가치투자의 개념으로 접근해야 좀 더 큰 수익률, 의미있는 투자 결과를 이끌어낼 수 있지 않을까 생각합니다.

물론, 정답은 없습니다. 내게 가장 잘 어울리는 결론이 정답입니다. 본격적인 투자에 나서기 전에 여러분에게 가장 잘 어울리는 결론을 찾으셔서 나름의 정답지를 갖고 출발선에 서실 수 있으면 더 좋을 것 같습니다.

P.S 이렇게 글을 쓰면 분명 누군가는 장기투자, 단기투자의 기간 기준은 무엇인지 궁금해하실 것입니다. 글에서 구체적으로 시기를 특정하지 않은 것은 사람마다 그 기준이 다르기 때문입니다. 통상 1달 안쪽의 투자 기간은 단기투자, 하루하루 데일리 트레이딩은 단타의 개념으로 이야기되고, 3달 이상이 중장기 투자로 분류되는 경우가 많은 것 같습니다.

02

뭘 사야 할까?

"왜 내가 사면 가격이 떨어질까요?"
"왜 내가 산 것만 오르지 않을까요?"

코인 투자 관련 인터넷 카페나 커뮤니티에서 정보 서칭을 하다 보면 흔히 접할 수 있는 글들입니다. 비트코인 상승장에서 대체로 다른 코인은 다 오르는데, 왜 내가 선택한 것만 안 오르는 것인지, 왜 나는 매수만 하면 곧장 계좌가 마이너스가 되는 것인지, 이런 하소연들이 꽤나 많습니다. 그만큼 명확한 기준 없이 투자에 나서는 사람들이 상당히 많다는 것이고, 저 역시 그런 시행착오를 겪었습니다. 남들이 많이 사는 것 같다 싶으면, 누군가가 오른다고 말하면, 그렇게 아무 고민없이, 스터디없이 분위기에 휩쓸려 '일단 사고 보는' 그런 우매한 행동을 초보자로서는 도무지 피할 수 없는 곳이 투자시장인 것 같기도 합니다.

아주 단순화시켜서 지구상에 현존하는 코인은 비트코인과 알트코인으로 구분할 수 있습니다. 비트코인을 제외한 나머지는 모두 Alternative Coin, 줄여서 알트코인이라고 부릅니다. 코인 투자를 안 하더라도 워낙 브랜드가 유명해서 많이들 알고 있는 이더리움, 리플, 에이다 등의 코인들은 모두 알트코인들입니다.

문제는 지구상에는 현재 엄청나게 많은 코인 프로젝트들이 존재한다는 것입니다. 너무도 많은 종목들이 넘쳐나기 때문에 처음 시장에 들어온 코린이로서는 뭘 사야할지 잘 모르겠고, 고민이 되는 것이 정상입니다.

크립토 마켓에 대한 종합적인 정보를 제공하는 사이트 가운데 가장 유명한 곳은 코인마켓캡(coinmarketcap.com)입니다. 코인 투자자라면 다른 건 몰라도 이곳은 네이버나 다음 사이트 방문하듯이 방문하고, 여기서 많은 데이터들을 체크해야 합니다. 어떤 데이터를 어떻게 확인해야 하는지에 대해서는 앞으로 하나씩 하나씩 살펴보도록 하겠습니다.

2021년 9월 기준으로 코인마켓캡에 등록된 코인은 11,882개입니다. 천 단위가 아니고 만 단위의 코인이 세상에 존재한다는 것입니다. 거래소 수만해도 409개에 달합니다. 일단 숫자로만 봐서도 어마어마합니다.

• 어떤 거래소를 선택해야 할까?

그렇다면 코인 투자를 처음 시작하는 초보자의 입장에서는 일단, 어느 거래소를 선택해서 어느 코인을 매수할 것인지를 결정하기 위한 나름의 준비를 해야 합니다. 손해를 봐도 되는 돈이라면 아무거나 마음에 드는 코인, 누가 좋다고 하는 코인을 사면 되겠지만, 대부분 소중한 재산의 일부가 투자되는 것이기 때문에 신중에 신중을 기해야 할 필요가 있다고 생각합니다. 이런 신중함과 사전 준비 없이 돈을 투입했다가, 정말 아무도 예상 못한, 예를 들면 일론 머스크가 뜬금없이 비트코인의 환경 문제를 거론하면서 비트코인 테슬라 결제를 취소한다는 등의 이런 일들로 시세가 폭락하면, 그냥 그렇게 내 투자금도 허공으로 사라질 수 있기 때문입니다.

먼저 거래소의 경우에는 국내에서는 업비트와 빗썸 등 메이저 거래소 가운데 마음에 드는 곳을 선택하면 됩니다. 이번에 특정금융거래정보법, 이른바 특금법 시행과정에서 보여졌듯이 거래소는 일단 규모가 큰 곳, 많은 사람들이 이용하는 곳을 선택하는 것이 가장 안전한 방법 가운데 하나가 아닐까 생각합니다. 국내에서는 독점 논란까지 일으키고 있는 업비트가 일단 가장 많은 사람들이 사용하고, 거래 대금도 엄청납니다. 2021년 4월 비트코인이 8천만 원을 돌파했을 당시 업비트의 하루 거래대금만 22조 원을 넘겼습니다. 코스피와 코스닥의 거래대금을 합친 것보다 많은 돈이 거래소 한 곳으로 몰리기도 하는 것입니다. 업비트의 독점 이슈는 비판받아 마땅하지만, 개미 투자자의 입장에서는 그래도 돈이 많이 돌고, 많은 사람들이 이용하는 거래소가 가장 안전하지 않나 생각됩니다.

거래소는 일단 한 번 선택하면 관성이 생겨서 어떤 결정적인 이유가 발생하지 않는한 다른 곳으로 쉽게 옮겨지지가 않습니다. 특히 거래소마다 차트를 표시하는 방식 등의 UI 특성이 상당히 다르기 때문에 하나씩 비교해보시면서 결정해보는 것도 방법이 될 수 있다고 생각합니다.

• 뭘 사야 할까?

업비트든 빗썸이든 국내에서 메이저 거래소들 가운데 마음에 드는 곳을 선택했다면, 그 뒤에는 뭘 사야 하는지에 대한 문제를 직면하게 됩니다. 이 부분은 앞서 살펴본 나의 투자 성향에서 어느 정도 판가름이 납니다. 내가 단기 투자 또는 단타를 할 것인지, 장기투자를 할 것인지에 따라서 종목 선택의 무게감이 달라지기 때문입니다.

1) 장기 투자

장기 투자에 방점이 찍혔다면 방법은 간단한 것 같습니다. 장기 투자의 가장 안전빵은 비트코인입니다. 좀 더 세밀하게 표현하자면 비트코인과 이더리움 등 Top 메이저 코인을 선택하면됩니다. 시장의 흐름을 주름잡는 종목들이기 때문에 차트 흐름을 보다 시세가 하락해서 저점 또는 저점 수준으로 확인될 때 분할 매수를 하면 됩니다. 이게 말이 쉽지 실제로는 엄청 어렵습니다. 전문 트레이더들의 현물 거래 방식도 단순화시키면 '저점매수 고점매도'라고 할 수 있는데, 그만큼 이게 전문적인 영역에서 다뤄지는 부분이라서 말처럼 쉽지 않다는 점 말씀드립니다.

어쨌든, 장기투자 스탠스를 결정했다면 가장 쉬운 선택지는 비트코인과 이더리움입니다. 내가 산 뒤에 시세가 떨어질 수는 있어도 시장의 발전을 신뢰하고, 그래서 이들의 시세가 우상향 할 것이라는 점을 믿는다면, 과정이 힘겨울지는 몰라도 결국에서는 지금까지 그래왔듯 오른쪽 상방을 향하는 가격흐름을 보일 가능성이 높다라고 많은 전문가들은 이야기합니다. 단순합니다. 지금까지 모든 투자 시장의 차트가 보여줬듯이 시간의 흐름 속에서 등락은 있어도 결국의 방향성은 우상향이라는 것입니다. 이게 의심이 되면 투자 시장에 발을 담가서는 안 된다고 생각합니다. 엄청난 스트레스 요인으로 작용하면서 일상을 피폐하게 만들 수도 있기 때문입니다.

특히, 비트코인과 이더리움 등 톱 메이저 코인들의 경우에는 거래소에서 상장폐지가 된다거나 하는 이상한 일을 겪을 가능성이 거의 없습니다. 그래서 우스갯소리로 '비트코인이 폭락했다는 뉴스를 보면 즉시 매수하고, 6개월 뒤에 확인해라, 분명히 엄청나게 올라 있을 것이다' 이런 말이 존재하기도 합니다.

거꾸로 내가 저점이라고 생각해서 매수를 했는데 갑작스런 외부충격으로 시세가 폭락을 하더라도, 기다리면 결국 오를 가능성이 무척 높은 종목들이 바로 톱 메이저 코인들이기도 합니다. 비트코인과 이더리움의 매수는 이런 측면에서는 무척 안정적입니다.

하지만 초기에 비트코인이 100만 원, 이더리움이 5만 원할 때부터 투자해온 사람이 아니라면 사실 지금의 시세가 엄청 오른 것으로 느껴질 정도로 높은 가격에 시세가 형성돼 있습니다. 그렇다 보니, 얼핏 봐도 시세 상승률이 다른 알트코인에 비해서 높지 않습니다. 절대 망할 일 없는 종목들이지만, 시세가 다른 알트코인들에 비해서 찔끔찔끔 오르는 것처럼 느껴지는 것은 단점이라면 단점입니다. 그래서 단기 투자 대응을 위주로 하는 사람들 사이에서는 '지금 비트코인 투자해서는 큰 돈 못 번다'라는 이야기가 나오는 것입니다. 비트코인이 6만 달러 수준인 지금 가장 화두가 되는 것은 언제 10만 달러를 돌파할지 여부인데, 그래봤자 2배 상승이라고 말하는 사람들이 있습니다. 그들이 여기서 '그래봤자'라는 표현을 쓰는 것은 비트코인이 2배 오를 정도로 시장이 활황을 띄게 되면 다른 알트코인들은 10배 20배도 오를 수 있기 때문입니다. 특히, 시가총액이 낮은 가벼운 알트코인들은 일단 올랐다 하면 엄청난 폭의 변동성으로 폭등 양상을 보이기도 합니다. 그래서 적잖은 사람들은 독이 들어 있을 수도 있는 성배, 잡알트에 나도 모르게 관심을 두게 됩니다.

2) 단기 투자

단기 투자의 경우에는 메이저냐 알트코인이냐의 구분보다는 어떤 호재성 이슈를 앞두고 있느냐를 먼저 체크하는 것이 더 중요하지 않나 생각합니다. 차트를 세밀하게 잘 분석하고 볼 줄 아는 경우에는 차트 분석, 흐름만 놓고도 이른바 단타치기를 꽤나 확률 높게 성공시키는 사람들도 많이 있습니다.

하지만, 대개의 일반적인 개미 투자자들은 이런 능력을 부러워해서 따라하려고 하다가는 대부분의 경우 큰 손해를 보게 되는 것 같습니다. 그만큼 아무나 할 수 있는 영역이 아니기 때문입니다. 따라서, 차트를 전문적으로 보지 못하는 초보자들이 할 수 있는 가장 간단한 방법은 프로젝트의 호재성 정보를 리서치해서 단기 투자 대상을 선정하는 것입니다.

가장 안전한 경우의 수를 찾자면, 펀더멘털이 튼튼한 메이저 종목이 아닐까 생각합니다. 호재성 이슈를 앞두고 있다면, 호재로 인해 시세가 오르면 차익을 남길 수 있으니 좋은 일이고, 호재에도 불구하고 외부 충격 요인으로 시세가 떨어지더라도 펀더멘털이 좋은 종목이라면 별달리 걱정하지 않아도 되기 때문입니다.

예를 들어 이더리움이 의미있는 호재성 업그레이드를 앞두고 있다는 소식을 파악했다고 합시다. 시세가 호재 영향으로 오르고 있는데, 더 오를 것 같아서 매수를 했습니다. 그런데, 갑자기 중국에서 암호화폐 거래 금지를 발표하면서 시장 전체가 하락세를 경험하게 됐습니다.

단기적으로 이더리움 같은 대장 종목도 시세가 빠지겠지만, 이런 튼튼한 종목, 시장을 대표하는 종목들은, 시장 전반적인 상황이 나아지면 대부분 시세를 회복하고, 강세장에서는 엄청난 상승력을 보여주기도 합니다.

개인적으로는 단기 투자의 경우를 그렇게 선호하지는 않습니다. 그때그때 수익을 낼 수도 있다는 엄청난 장점이 존재하지만, 늘상 차트에 집중을 해야 하기 때문에 전문 트레이더가 아닌 이상 일상과의 조율을 잘 맞추기가 쉽지 않다고 생각하기 때문입니다. 물론, 이건 개인적인 의견일 뿐입니다.

상상 이상으로 전략적으로, 훌륭한 성과를 내는 단타 전문 개미 트레이들도 꽤 많이 있기 때문에 잘만 한다면 굉장히 의미있는 수익실현을 할 수 있는 방법일 수 있습니다. 중요한 것은 나의 상황, 재능 등이 얼마나 부합하느냐 아닐까 생각됩니다. 이 부분은 개인의 성향과 투자 방향 등을 잘 고민하셔서 결정하시면 좋을 것 같습니다.

3) 포트폴리오 구성의 기본은?

지금까지 나눈 이야기를 단순화시켜서 정리하자면, 장기투자는 펀더멘털이 튼튼한 대장 종목이나, 가치에 대한 기대가 높은 유망 종목을 선택하는 것이 좋고, 단기 투자의 경우에는 호재성 정보들과 차트의 흐름을 중심으로 선택을 하는 것이 좋다, 이 정도로 정리할 수 있을 것 같습니다. 그런데 이게 말이 쉽지, 투자 성향이라는 게 어느 정도 경험을 해봐야 할 수 있는 부분이기도 하기 때문에, 투자 경험이 없는 코린이들에게는 이런 것도 결정장애가 올 수 있는 부분입니다.

그래서, 투자 경력이 좀 있는 분들은 대체로 장기투자와 단기투자의 비중을 정하는 방법을 추천하는 경우가 많은 것 같습니다. 펀더멘털 튼튼한 메이저 코인들을 60~70% 비중으로 채우고, 나머지 30~40% 정도는 단타/단기 매매를 통한 수익확보 용으로 포트폴리오를 구성하라는 것입니다.

예를 들어, 나는 이도저도 모르는 코린이다, 라고 할 경우 잘 모르겠으면 비트코인이나 이더리움에 투자를 하면 됩니다. 코인시장에서 시가총액 1위와 2위를 차지하는 대장들이기 때문에 시세가 더 오를 가능성이 높고, 떨어져도 잘 회복할 가능성이 상대적으로 높습니다. 그래서, 시가총액이 높은 코인들이 뭐가 있는지, 어떤 종목들이 메이저나 준메이저로 구분되는지, 어떤 것들이 잡코인으로 분류되는지를 확인할 필요가 있습니다.

대체로 시가총액 사이즈가 큰 메이저 코인들일수록 단기 상승폭이 제한적인 경우가 많은 반면, 시총이 1000억원 안팎으로 사이즈 자체가 작은 종목들이 한 번 시세를 받으면 엄청난 수준으로 상승하기도 합니다. 이런 현상에 대해서는 물론 말들이 많습니다. 세력들의 장난이다, 개미털기다 등등 이야기 거리들이 있는데, 이 부분은 다른 챕터에서 살펴보도록 하겠습니다.

어쨌든 장기투자/단기투자 스탠스 잡기도 어렵고, 뭐가 메이저고 뭐가 준메이저고, 또 뭐가 잡알트 코인인지 모르는 코린이들에게는 이걸 파악하는 수단을 숙지하는 것이 중요합니다. 누가 좋다고 하더라, 누가 오른다고 하더라, 이런 가벼운 정보에 팔랑귀를 흔들면서 매수버튼을 누르는 것보다는 내가 직접 눈으로 확인한 데이터, 그 데이터가 비록 누구에게나 공개돼 있는 별거 아닌 것이라고 하더라도, 직접 확인하고 리서치를 해서 결정하는 매수는 진전으로 큰 차이가 날 수밖에 없습니다. 이래야 어떤 결과든 남탓 안 하고, 내 결정과 판단에 따른 투자를 할 수 있지 않을까 생각합니다.

그래서, 잘 알아두면 좋은 데이터 확인 사이트를 공유하면서, 각각의 사이트에서 어떤 정보를 어떻게 확인하면 되는 것인지 정리해 보도록 하겠습니다.

• 코인 시가 총액 확인

먼저 이번 챕터에서는 2가지 핵심 사이트를 살펴보도록 하겠습니다. 코인마켓캡(coinmakertcap.com)과 코인게코(coingecko.com)입니다. 보통 코인의 사이즈를 이야기할 때, 그러니까 메이저/준메이저/잡코인 등으로 구분할 때 그 기준점은 시가총액입니다. 주식시장에서와 마찬가지로 한 종목에 들어와 있는 돈의 총 액수입니다. 유통되고 있는 코인의 수와 현재 시세를 곱한 총액이 시가총액이 됩니다.

2021년 9월 30일 기준 암호화폐 시장 전체 시가총액은 1조8천억 달러 수준입니다. 2021년 5월 시장 상황이 한창 좋을 때 암호화폐 시장의 시가총액이 2조5천억 달러에 육박하면서 꽤나 큰 관심을 받았습니다. 우리돈으로 따지면 3천조 원에 달하는 규모이고, 애플의 시가총액과 비슷한 수준입니다.

암호화폐 시장에서 시가총액 1위는 잘 아시는 것처럼 비트코인입니다. 2021년 9월 30일 코인마켓캡 기준 비트코인의 시가총액은 7천7백억 달러 수준입니다. 2위 이더리움은 3천3백억 달러 정도의 시가총액을 기록하고 있습니다. 그 뒤로 카르다노(에이다)와 리플 솔라나 등의 종목들이 자리하고 있는 것을 확인할 수 있습니다.

시가총액이 높다는 것은 그만큼 많은 돈이 들어와 있다는 것이고, 그래서 종목 자체가 거래소에서 상장폐지가 된다거나 갑자기 이상한 문제가 생길 가능성은 상대적으로 낮습니다.

보통 시총 10위에서 15위 정도까지를 메이저 코인으로 보고 그 위에 중간 라인을 차지하고 있는 50위 안쪽의 코인을 준메이저로 봅니다. 딱 선을 긋는 기준적 정의가 돼 있는 것이 아니라서 사람마다 다르게 바라보곤 합니다. 10위권 안에 있는 종목들은 시장을 이끌어가는 대장과 부대장의 역할을 하는 존재이기 때문에 내가 매수를 하든 안 하든, 가지고 있든 아니든, 흐름을 파악할 필요가 있습니다. 주요 종목일수록 시장 전반에 미치는 영향력도 강하기 때문에, 시장 전체의 흐름을 읽는데 도움이 될 수 있습니다.

각 종목들의 시가총액과 현재 가격, 가격 추이 등을 확인하기 위해서는 코인마켓캡과 코인게코 사이트에서 각 종목을 클릭하면 세부 내용을 손쉽게 파악할 수 있습니다.

• 메이저 종목의 단점은?

메이저 종목은 다른 말로 시가총액 사이즈가 크다는 것으로 볼 수 있습니다. 시가총액이 크다는 것은 그만큼 무겁다는 것이고, 그래서 엉덩이가 꽤 무거운 경우가 많습니다. 올라도 잡코인들이 시세를 받을 때처럼 팍 튀어오르지 않고, 떨어져도 순식간에 40~50%가 빠지지는 않습니다

물론 시장 영향력이 강한 종목들이기 때문에 몸집 큰 코인들, 가장 대표적으로 비트코인이 1% 떨어지면 시총 작은 잡코인들은 10% 이상 떨어지는 경우도 흔하게 존재합니다. 쉽게 정리하자면, 무거우면 아래로든 위로든 잘 안 움직이는데, 가벼우면 아래든 위든 엄청난 폭으로 상대적 움직임을 보인다, 정도로 말할 수 있을 것 같습니다.

물론, 이런 특징들을 일반화해서 말할 수는 없습니다. 그렇다고 메이저 코인들이 아예 상승폭이 낮다고 일반화해서 단정하기도 어렵기 때문입니다. 예를 들어 2021년 5월 이더리움이 전고점을 갱신했을 때 상승 하던 모습을 보고 있으면 이래도 되나 싶을 정도로 무서운 상승세를 보여줬습니다. 비트코인의 경우에도 2020년 말부터 2021년 4월까지 무려 7개월 동안 상승을 하면서 추세적 상승 흐름이 얼마나 강력한지를 몸소 보여주기도 했습니다.

다만, 딱히 시세를 받지 않을 때는 정말 죽은 듯이 조용하게 앉아 있는 경우도 무척 흔다하는 점을 인식할 필요성은 분명히 있고, 이런 다소 대치되는 것 같은 특징들, 장단점들이 존재한다는 것을 인식하고 종목을 바라볼 필요가 있습니다.

• 코인 등급 확인

물론 '시가 총액이 크면 좋은 코인이다' 이렇게 정의할 수는 없습니다. 그래서 우리 같은 초보자들은 어떤 코인이 객관적으로 어떤 평가를 받고 있는지를 살펴볼 필요가 있습니다. 이건, 주식에 투자를 할 때 기업 분석을 하면서 건전하고 전망이 있는 기업인지를 확인하는 것과 비슷한 작업이라고 볼 수 있습니다.

크립토 프로젝트의 경우에는 이를 평가하는 기관, 사이트 등이 있습니다. 다행히도 여기저기 찾아다닐 필요없이 코인마켓캡이나 코인게코 등을 통해서도 쉽게 해결할 수 있습니다.

비트코인 시세 (출처 : 코인마켓캡)

위 이미지에서 보이는 것처럼 개요란을 통해 이 코인이 지금 얼마에 거래되고 있고, 차트적 흐름은 어떻고, 어떤 코인인지 등의 정보를 확인할 수 있습니다.

코인 프로젝트를 평가하는 기관, 사이트가 있는데 '시장(market)' 탭을 클릭하면 지금 어느 거래소에서 거래되고 있는지를 살펴볼 수 있습니다. 주요 종목일 수록 대형 거래소, 많은 거래소에서 거래되고 있다는 점을 알 수 있고, 얼핏 들어서 잘 모르는 신규 코인들의 경우에는 그만큼 거래되는 거래소의 숫자가 적습니다. 이런 부분을 통해 간접적으로 시장에서의 인기도, 거래 현황 등을 파악할 수 있습니다.

그 다음으로 중요한 것은 '등급' 탭이라고 개인적으로는 생각합니다. 가장 먼저 자리한 사이트는 플립사이드 크립토(Flipside Crypto)인데, 아쉽게도 최근들어서 제한된 데이터 문제로 인해서 코인 등급에 대한 정보를 제공하지 않고 있습니다.

그 아래를 보면 시메트리(SIMETRI)가 평가한 코인의 등급을 볼 수 있는데, 비트코인의 경우에는 A마이너스 등급을 받고 있는 것을 확인할 수 있습니다. 마켓 기회 측면에서는 9.8점을 받은 반면, 토큰 퍼포먼스에서는 8.4점을 받았고, 로드맵 평가에 대해서는 6.7점이라는 다소 낮은 것으로 보이는 점수를 받았습니다.

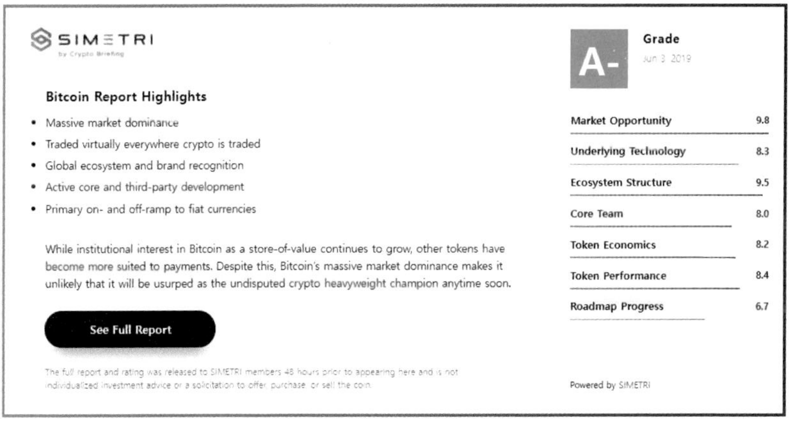

비트코인 시메트리 평가표 (출처 : 코인마켓캡)

잘 모르는 사람들이 이 정도 수치만 보더라도, 시장에서는 인기가 많지만(Market Opportunity) 퍼포먼스 측면에서는 아주 대단하지는 않고(Token Performance), 비전적인 로드맵 진척(Roadmap Progress)에 있어서는 다소 부진하다는 점을 느낄 수 있습니다.

이게 얼추 비트코인을 잘 평가하고 있다는 점을 느끼게 해주는 것은, 비트코인은 실용성 측면에서는 이더리움보다는 약하다는 평을 받고 있지만(Token Performance) 가치저장 수단으로서는 전세계 1등 코인으로 가장 비싸게 거래되는 대장이기 때문에 시장에서는 가장 큰 영향력을 가지고 있습니다. 당연히 대부분의 모든 거래소에서 거래되고 있습니다.(Market Opportunity)

비트코인이 전체 코인의 대장이라면, 알트코인의 대장인 이더리움에 대해서도 분석해 보겠습니다.

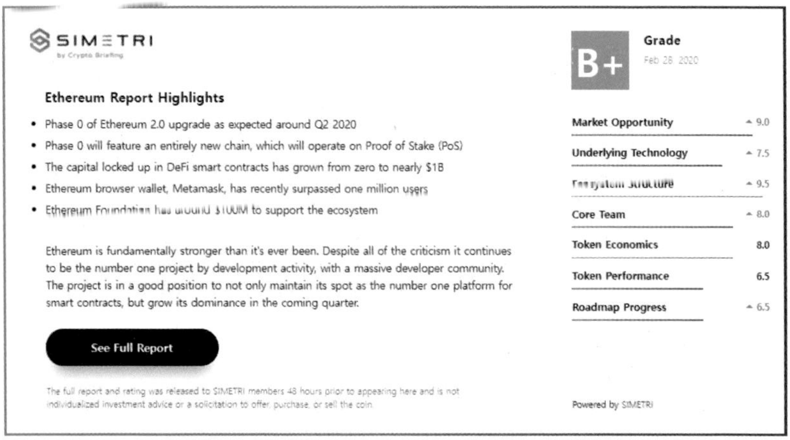

이더리움 시메트리 평가표 (출처 : 코인마켓캡)

시메트리가 평가한 이더리움은 B 플러스 등급입니다. 이더리움 역시 알트코인 대장으로서 비트코인을 잇는 시가총액 2위 프로젝트입니다. 당연히 마켓 기회(Market Opportunity)는 9점으로 상위권 점수라는 것을 확인할 수 있습니다. 에코시스템(Eco System)이 9.5점으로 최상위 점수인데, 이더리움은 디파이(Defi)와 (NFT)에 있어서 세계 최대 규모의 프로젝트가 가동되는 플랫폼입니다. 이런 측면에서 굉장히 생태계 구축이 다양하게 잘 돼 있다는 점을 알 수 있습니다.

토큰 퍼포먼스(Token Performance)는 6.5점을 받았는데, 개인적으로는 이 부분이 조금 의아하게 느껴집니다. 현재 굉장한 디파이(Defi) 생태계 구축의 성과를 내고 있고, NFT 열기의 중심에 서 있는 이더리움의 토큰 퍼포먼스가 약하다는 것은 아마도 트랜잭션 처리 속도가 상대적으로 느리고 여전히 수수료가 비싸다는 점 때문 아닐까 생각됩니다. 좀 더 정교한 분석 결과를 알고 싶으신 분들은 시메트리에 정식 회원가입을 하면 되는데, 1년 사용료가 1295달러로, 우리 돈으로는 150만 원 정도입니다. 코인 프로젝트와 관련된 유의미한 정보는 꽤나 고급 정보에 해당한다는 점을 느낄 수 있는 부분입니다. 다만, 초보자로서 코인의 특징과 펀더멘털을 찾는 수준이라면 굳이 비싼 돈을 내고 숙지할 필요가 있을까, 그런 생각이 듭니다. 코인마켓캡에 있는 자료만 잘 살펴도 충분하다고 개인적으로는 판단합니다.

투자하고 싶은 코인 프로젝트가 생겼다면, 이렇게 코인이 어떤 상황에 있는지, 어떤 평가를 받는지를 리서치를 한 뒤 투자 결정을 내려야 합니다. 막연하게 오를 것 같으니까, 누가 좋다고 하니까, 이런 것을 투자의 기준점으로 세운다면 두고두고 후회할 일이 반드시 생기게 마련입니다.

특히, 코인 시장은 변동성의 폭이 기존의 투자 시장과는 비교할 수 없을 정도로 크기 때문에, 그 누구도 예상치 못한 폭락과 폭등이 벌어지기도 합니다. 폭등이 벌어지는 것은 언제나 환영이지만, 외부 충격으로 폭락이 생겼을 때 큰 손해를 보고 패닉셀을 하지 않기 위해서는, 내가 그만큼 튼실하게 사전 준비, 리서치를 잘 했는지가 전제로 깔려 있어야 합니다. 내가 시간과 노력을 들여서 이 프로젝트의 현재와 미래를 평가하고 투자를 한 것이라면 외부 충격으로 변동성이 생기더라도, 믿고 기다릴 수가 있습니다. 하지만, 남들 얘기 듣고 막연하게 매수한 종목이 갑자기 폭 시세가 꺼지면, 인간의 심리상 심장이 녹아내리는 경험을 알 수밖에 없습니다.

테슬라가 난데없이 비트코인 결제를 중단한다고 밝혔을 때 전 세계 모든 투자자들이 CEO 일론 머스크를 욕했던 것은 이런 외부 충격은 그 누구도 예상할 수 있는 상황이 아니기 때문입니다. 이때 내가 믿고, 신뢰하는 종목이라면 믿고 기다릴 수 있는 힘이 생기지만, 막연히 오를 것 같아서 투자한 종목은 원금을 조금이라도 덜 손해보자는 마음에 패닉셀에 동참하는 경우로 이어질 확률이 아주 높습니다.

정리하겠습니다.

뭘 사야 할까? 포트폴리오에 뭘 넣어야 할까? 이런 질문에 대해서 아직 답을 찾지 못했다면 ***'공부하자'*** 이게 정답입니다. 위에 말씀드린 사이트를 통해서 코인들 상황 체크하고, 평가 분석한 뒤에 투자에 나서도 늦지 않습니다. 오늘 마이너스 30% 시세가 빠졌다가 내일 어떤 이유로 인해 플러스 30%가 되는 경우도 부지기수이기 때문입니다.

순간적인 단타를 통한 수익 극대화를 노리시는 경우가 아니라면, 코인 프로젝트에 대한 리서치는 ***'이래도 되나'*** 싶은 생각이 들 정도로 튼실하게 하시는 것이 그래도 이 변동성 큰 시장에서 의미있는 결과를 낼 수 있는 기본 자세가 아닐까 생각합니다.

03

세력들은 뭘 사고 있을까?

지금까지 우리가 나눈 내용들을 간단히 정리하면, 우선은 나의 투자 스탠스를 중장기 투자로 갈지, 아니면 단기/단타 투자 방식으로 갈지를 결정해야 하는 과정이 필요합니다. 단기/단타 투자는 일시적인 투자 방식이라 종목의 펀더멘털보다는 차트적 흐름이 종목 선택의 기준이 될 가능성이 높습니다. 반면, 장기투자의 경우 적어도 6개월에서 1년 이상 계속 끌고 갈 종목이기 때문에 종목 선정에 신중할 수밖에 없습니다.

주식투자에 비교하면 일종의 가치 투자 방식을 적용하는 것으로 볼 수 있습니다. 그래서 비트코인이나 이더리움 등의 이미 시장을 주도하는 메이저 코인을 선택하거나, 아니면 2021년 초부터 잠재력을 평가받았던 솔라나 같은 유망 종목을 발견해 선택해야 합니다. 실제로 솔라나같은 경우 2021년 2월만 하더라도 10달러 정도에 거래됐던 것이 9월 들어서 180달러를 돌파하더니 10월에는 200달러 위에서 시세를 형성했습니다. 2021년 초쯤 솔라나에 주목해야 한다는 이야기는 이더리움 등 디파이 플랫폼에 관심이 많은 사람들 사이에서 솔솔 나오곤 했었는데, 그 당시 리서치를 잘 해서 솔라나의 잠재력을 알아보고 매수했던 사람들은 7개월 정도 뒤에 꽤 의미있는 수익을 얻을 수 있었을 것입니다.

물론, 10달러 하던 잠재력 있는 코인 프로젝트를 발견하고, 매수까지 하기 위해서는 엄청난 내공이 필요할 것입니다. 우리같은 경우에는 그런 기술적인 내공도, 트레이딩적인 내공도 거의 없거나 많이 부족하기 때문에 결국 누군가를 벤치 마킹하는 방식으로 접근하는 것도 하나의 방법이 될 수 있습니다.

적잖은 코린이들이 인터넷 카페나 유튜브에서 종목을 추천하는 사람들을 따라서 매수하는 경우가 적지 않은 것 같습니다. 그런 투자 방식을 통해 수익을 실제로 얻는 경우도 있지만, 그렇지 않은 경우도 굉장히 많습니다. 후자의 경우에는 대부분 남탓만 하다가 소중한 자산을 잃게 된느 경우에 해당합니다.

누군가를 따라서 매매를 하더라도, 진짜 의미가 있거나 이름값하는 사람들을 따라서 사는 게 그나마 확률적으로 실패 가능성을 낮추는 방법이 아닐까 생각합니다. 이럴 때 등장하는 이야기가 바로 '세력'입니다. 세력이 사서 모으는 장기 투자 코인이 무엇인지 그들의 포트폴리오를 확인해, 그 가운데 나의 시선을 끌거나 나를 자극하는 프로젝트를 찾는 방식입니다.

보통 세력이라고 하면 여러 중의적인 의미를 갖는 것 같습니다. 가상화폐에 전문적으로 투자하는 투자기관을 의미하는 경우도 있고, 개미 투자자들을 상대로 사실상 시세 조종을 하는 집단을 일컫는 경우도 있습니다. 우리가 여기서 언급하는 세력은 시장을 교란시키는 종류의 세력이 아니라, 거대 투자 기관의 의미로 한정하도록 하겠습니다.

보통 대표적인 글로벌 세력을 이야기할 때 우선적으로 거론되는 것은 그레이스케일입니다. 그레이스케일이 어떤 코인을 얼마나 사서 투자하는지를 살펴보면서 거대 기관, 세력들이 관심갖는 종목을 살펴보자는 취지입니다. 그래도 엄청난 자금을 끌어모아서 장기투자를 하는 기관인 만큼, 암호화폐 시장의 상징적인 세력인 그레이스케일이 투자하는 종목은 뭐 그럴만한 이유가 있지 않겠느냐, 이런 인식이 깔려있다고도 볼 수 있을 것 같습니다. 그래서 통상 '그레이스케일 포트폴리오'를 확인한다, 라고 표현합니다.

• 그레이스케일

내가 중장기 투자자로서의 스탠스를 잡았다면, 그레이스케일은 꽤 자주 접할 수밖에 없는 존재입니다. 이런저런 기사들을 볼 때 상당히 자주 등장하는 암호화폐 시장의 주요 플레이어 가운데 하나이기 때문입니다.

그레이스케일은 세계 최대 디지털자산 운용회사 가운데 하나인데, 2013년 배리 실버트가 설립했습니다. 즉, 디지털커런시 그룹의 창업자 배리 실버트가 세운, 디지털커런시 그룹의 자회사라고 할 수 있습니다.

디지털커런시 그룹은 암호화폐 시장에서 상당한 영향력을 가진 곳입니다. 그레이스케일 뿐만 아니라 제네시스트레이딩 역시 디지털커런시 그룹의 소유이고, 블록체인과 암호화폐 전문 미디어 가운데 상당한 인지도를 가지고 있는 코인데스크 역시 디지털커런시그룹 소유입니다. 즉, 산하 자회사만 놓고 보더라도, 디지털자산운용회사부터 언론, 거래소까지 암호화폐 시장의 거의 전반에 발을 담그고 있는 나름 이 시장의 재벌같은 존재로 볼 수 있습니다.

이런 의미가 큰 기업에서 투자를 하는 종목들은 당연히 시장의 주목을 받을 수밖에 없고 '그레이스케일 투자 종목' '세력이 좋아하는 종목' 이런 타이틀과 함께 개미 투자자들의 관심사가 되는 경우도 역시 많습니다. 세력이 투자하는 종목을 좀 더 우아하게 표현하면 '그레이스케일 포트폴리오'가 됩니다.

• 그레이스케일 포트폴리오

그레이스케일 포트폴리오를 확인하는 방법은 매우 간단합니다. 크게 2가지 방법이 있습니다. 먼저, 그레이스케일 홈페이지를 방문하는 방식입니다. 홈페이지 곳곳을 잘 뒤져보시면 매우 심도 있는 그레이스케일의 종목 분석 리포트도 함께 접할 수 있습니다. 다만 각각의 종목별 세부적 디테일을 확인하기에는 좋지만, 한눈에 지금 현재 암호화폐별 현황이 파악되게끔 정리가 돼 있지 않다는 점은 단점으로 생각됩니다.

이런 단점을 메워주는 곳이 선물 파생상품 거래소이자, 암호화폐 정보 플랫폼인 바이비트(bybt) 홈페이지입니다. www.bybt.com/ko/Grayscale로 들어가시면 그레이스케일이 현재 어떤 종목에 얼마를 투입해서 얼마나 가지고 있는지를 한눈에 확인할 수 있습니다.

Grayscale Investments Holdings GBTC Investor Bitcoin Treasuries Buy

Symbol	Total Holdings	Total Holdings($)	Holdings (Per Share)	Marker Price (Per Share)	Premium	Close Time	24H Change	7D Change	30D Change	Update Time
BTC GBTC	647.11K BTC	$38.13B	$55.83	$46.7	-16.35%	2021-10-28	-35	-429	-1066	2021-10-28 06:00
ETH ETHE	3.13M ETH	$12.47B	$41.93	$38.19	-8.04%	2021-10-28	-214	-2574	-6435	2021-10-28 06:00
ETC ETCG	12.22M ETC	$609.43M	$44.04	$25.03	-43.17%	2021-10-28	-1004	-12060	-30172	2021-10-28 06:00
LTC LTCN	1.57M LTC	$288.54M	$17.36	$15.48	-10.83%	2021-10-28	-108	-1291	-3230	2021-10-28 06:00
BCH BCHG	317.69K BCH	$177.43M	$5.26	$4.52	-14.07%	2021-10-28	-22	-261	-654	2021-10-28 06:00
ZEC	341.73K ZEC	$51.27M	$14	$13	-7.14%	2021-10-28	-23	-281	-703	2021-10-28 06:00
ZEN	630.79K ZEN	$47.76M	$7.16	$7.01	-2.09%	2021-10-28	-43	-519	-1298	2021-10-28 06:15
XLM	76.71M XLM	$25.98M	$32.79	$46.3	41.2%	2021-10-28	-5254	-63074	-157783	2021-10-28 06:00
MANA	18.47M MANA	$14.13M	$7.73	-	-	2021-10-28	-1265	-15187	-37990	2021-10-28 06:00
LPT	600.72K LPT	$13.85M	$23.34	-	-	2021-10-28	-41	-494	-1236	2021-10-28 06:00
LINK	308.08K LINK	$9.05M	$3.04	-	-	2021-10-28	-21	+1036	+8847	2021-10-28 06:00
FIL	94.82K FIL	$5.36M	$57.34	-	-	2021-10-28	-6	+612	+3357	2021-10-28 06:00
BAT	5.73M BAT	$3.72M	$6.69	-	-	2021-10-28	-392	+39584	+32568	2021-10-28 06:00

Total AUM:$51.85B

그레이스케일 암호화폐 투자 내역 (출처 : BYBT)

이미지에서 보이는 것처럼 그레이스케일은 2021년 10월 2일 기준으로 비트코인과 이더리움, 이더리움클래식, 비트코인캐시, 젠코인, 지캐시, 스텔라루멘, 디센트럴랜드, 체인링크, 파일코인, 베이직어텐션토큰 등의 종목에 투자를 하고 있습니다.

이 가운데 주요 종목들에 대한 세부 분석은 이 책의 2부에서 집중적으로 다뤄볼 것이기 때문에, 여기서 언급하지는 않겠습니다. 다만, 그레이스케일이 투자하고 있는 종목들은 모두, 대부분이 아닌 모두, 시장의 주목도를 받고 있는 종목들입니다. 그레이스케일이 투자를 했기 때문에 주목을 받는 것일 수도 있지만, 종목 자체가 그레이스케일 같은 거대 기관/세력들이 관심을 가질 수밖에 없는 것들이기도 합니다. 그만큼 프로젝트의 펀더멘털이 탄탄한 종목들이고, 잡코인으로 불리는 코인은 하나도 포함돼 있지 않습니다.

이 페이지에서는 그레이스케일 포트폴리오가 지난 24시간 동안, 일주일 동안, 한 달 동안 어떻게 변했는지도 확인할 수 있기 때문에 포트폴리오를 구성할 때 여러모로 요긴하게 사용될 수 있는 페이지입니다.

• 원조 세력 vs 신흥 세력

그레이스케일은 암호화폐 시장에서 자산운용사로서 말 그대로 원조격에 해당합니다. 시장이 형성된 초기에 설립돼 엄청 저렴할 때 매수를 했던 곳, 그러니까 현재 엄청난 수익권에 들어가 있는 곳으로 볼 수 있습니다. 그래서 일각에서는 1세대 세력의 매수 포트폴리오를 따라하는 것보다는 새롭게 시장에 진입하는 기관들의 차세대 관심 종목을 바라보는 것이 더 유효하다는 지적도 있습니다.

2021년도에 접어들면서 암호화폐 시장의 가장 큰 변화는 기관들의 진입이 눈에 띄게 빨라지고 있다는 점입니다. 캐나다와 영국, 브라질 등을 중심으로 비트코인 ETF가 출시되면서 주식시장에서 안정적으로 거래할 수 있게 되면서 기관들의 진입이 많아진 것입니다. 시장 눈치만 보던 미국 SEC 역시 2021년 10월 비트코인 선물 ETF를 승인하면서, 미국에서도 비트코인 ETF가 나스닥에 상장돼 거래되고 있는 상황입니다. 10월 비트코인 랠리의 아주 큰 동력을 제공했던 이슈이기도 했습니다. 언제가 될지 정확히 예측하기는 어렵지만, 비트코인 현물 ETF가 미국에서 승인될 경우에는 의미있는 수준의 기관 자금 유입이 기대되고 있습니다.

그래서, 우리는 신흥 세력이라고 할 수 있는 신규 진입 기관들이 어떤 종목에 관심을 가지고 있는지 역시 살펴볼 필요가 있습니다.

여기서 우리는 잠시 암호화폐/가상화폐 시장의 근본적 특징을 고민해 볼 필요가 있을 것 같습니다. 블록체인과 암호화폐 시장이 성장할 수록 가장 위협을 느끼는 존재는 기존의 레거시 금융입니다. 블록체인을 통해 암호화폐로 개인과 개인이 송금을 주고받고, 블록체인 플랫폼에 예금/대출 등의 서비스가 가능해지면서 사실상 은행의 역할을 대체하게 됐습니다.

그렇다보니 주목받는 분야가 이른바 디파이(Defi)입니다. 디파이는 Decentralized finance의 약자로 탈중앙화 금융입니다. 기존 금융이 중앙화된 시스템이라면 블록체인의 경우에는 탈중앙화 금융을 구현할 수 있게 된 것입니다. 이런 상황을 놓고 보면 디파이가 왜 그렇게 2021년에 주목받는지를 쉽게 이해할 수 있을 것 같습니다.

디파이가 이렇게 실질적인 혁신을 이뤄내면서 동시에 시장의 상징성을 가지고 있다보니, 디파이 종목이 관심을 받는 것도 당연합니다. 재미있는 것은 이런 디파이 종목의 경쟁력이 나름 훌륭하다보니 기관 투자자들이 상당한 관심을 가지고 있다는 점입니다.

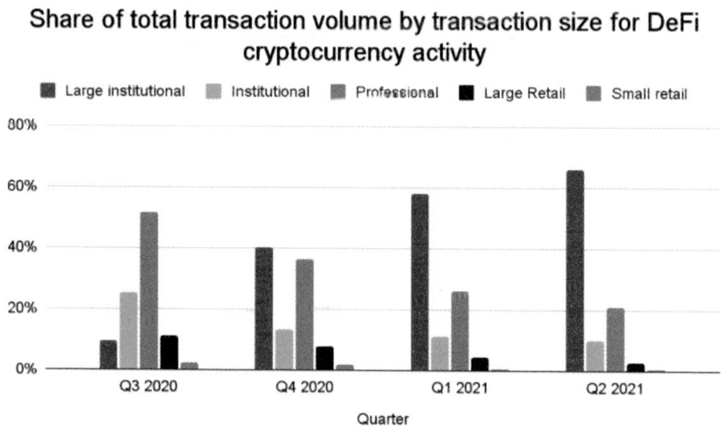

거래 규모에 따른 거래량 변화 추이 (출처 : 체이널리시스)

이 그래프는 블록체인 분석기관인 체이널리시스가 조사한 것으로, 디파이 분야에서 기관들이 얼마나 투자를 해 왔는지 변화를 보여주고 있습니다. 빨간색이 대형 기관, 노란색은 기관 분홍색은 전문 트레이더 남색과 민트색은 개미투자자를 의미합니다.

보시는 것처럼 2020년 3분기만 해도 디파이 시장은 트레이더 중심의 영역이었습니다. 하지만 2020년 4분기에 대형기관들이 급격한 관심을 보이다 점점 커지더니 2021년 2분기에는 대형기관들이 디파이 분야에서 차지하는 비중이 60%를 넘겼습니다

기관/세력들이 디파이에 관심을 가지고 있고, 이 속도가 엄청나게 증가했다면 우리는 '신흥 세력들의 관심사'에 대해서 리서치를 할 필요가 있습니다.

물론, 코린이의 경우라면 대체 디파이 종목이 뭐고 어디서 어떻게 확인을 해야 하는지 모를 수 있습니다. 모르는 것이 당연합니다. 여기서 우리에게 아주 간단한 해결책과 답을 제시해주는 것이 앞서 언급했던 코인마켓캡(https://coinmarketcap.com/ko/)입니다.

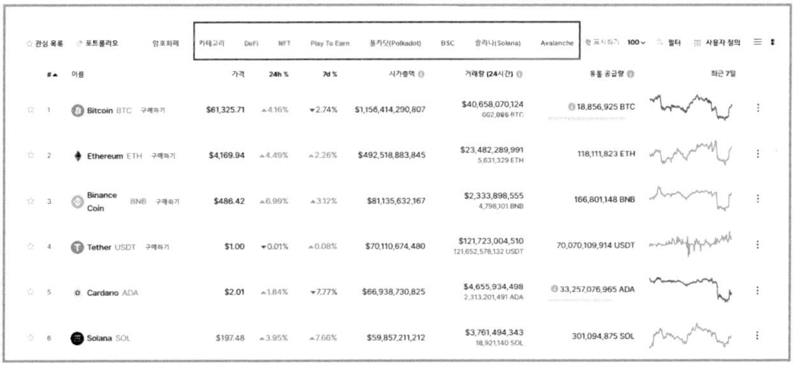

관심 목록 | 포트폴리오 | 암호화폐 | 카테고리 | DeFi | NFT | Play To Earn | 폴카닷(Polkadot) | BSC | 솔라나(Solana) | Avalanche | 행 표시하기 100 | 필터 | 사용자 정의

#	이름	가격	24h %	7d %	시가총액	거래량 (24시간)	유통 공급량	최근 7일
1	Bitcoin BTC 구매하기	$61,325.71	▲4.16%	▼2.74%	$1,156,414,290,807	$40,658,070,124 662,886 BTC	18,856,925 BTC	
2	Ethereum ETH 구매하기	$4,169.94	▲4.49%	▲2.26%	$492,518,883,845	$23,482,289,991 5,631,329 ETH	118,111,823 ETH	
3	Binance Coin BNB 구매하기	$486.42	▲6.99%	▲3.12%	$81,135,632,167	$2,333,898,555 4,798,101 BNB	166,801,148 BNB	
4	Tether USDT 구매하기	$1.00	▼0.01%	▲0.08%	$70,110,674,480	$121,723,004,510 121,652,578,132 USDT	70,070,109,914 USDT	
5	Cardano ADA	$2.01	▲1.84%	▼7.77%	$66,938,730,825	$4,655,934,498 2,313,201,491 ADA	33,257,076,965 ADA	
6	Solana SOL	$197.48	▲3.95%	▲7.66%	$59,857,211,212	$3,761,494,343 18,921,140 SOL	301,094,875 SOL	

출처 : 코인마켓캡

위 이미지에서 빨간 칸의 디파이(DeFi)를 클릭하면 디파이 종목들이 무엇인지 확인할 수 있습니다. 가장 위에 이름을 올리고 있는 것은 이더리움 기반의 대표적인 디파이 종목인 유니스왑, 그리고 테라와 아발란체, 체인링크 등의 종목을 확인할 수 있습니다. 테조스, 팬케익스왑 등의 종목도 눈에 띕니다. 대부분 디파이 종목으로서 시장의 엄청난 관심을 받았거나 받고 있는 종목들입니다.

해당 종목들을 하나하나 확인을 해 나가다 보면, 어떤 종목이 어떤 목적을 하지고 어떤 일을 하고 있는지를 확인할 수 있고 이 과정에서 내가 선택을 할 수 있는 근거를 찾을 수 있게 됩니다. 이런 방식의 접근은 이미 인정받은 종목의 추가적 상승을 기대하는 목적으로 이뤄지는 것으로 생각해 볼 수 있습니다.

말이 나온 김에 디파이 바로 옆을 보면 NFT를 확인 할 수 있는데, NFT는 디파이와 더불어서 2021년 가장 뜨거운 산업 영역으로 성장했습니다. 인기가 뜨겁다 보니 시장의 관심을 받는 것도 당연한 것입니다. 우선 눈에 띄는 종목들은 액시인피니티, 칠리즈, 디센트럴랜드, 엔진 코인 등인데, NFT 종목을 이야기할 때 빠지지 않는 프로젝트들입니다.

대체로 게임과 관련된 경우가 많은데, 가장 간단한 일례로 NFT 형식으로 제작돼있는 게임 아이템을 거래할 때 해당 코인을 사용해 결제를 할 수 있고, 아이템을 팔아서 코인을 벌면 거래소에서 현금화해 실질적인 경제활동을 할 수 있는 그런 장점이 존재합니다. 이 부분에 대해서는 2부에서 액시인피니티를 분석할 때 집중적으로 살펴보겠습니다.

NFT 옆의 칸에 있는 Play to eran의 개념도 꼭 알아두실 필요가 있습니다. Play to eran은 말 그대로 게임을 하면서 돈을 벌 수 있는 종목을 말합니다. 조금 전에 이야기한 엑시인피니티는 NFT 종목이면서 동시에 Play to earn 종목이기도 합니다. 좀 더 디테일하게 설명드리자면, NFT를 통한 거래로 돈을 벌 수 있는 시스템이 블록체인 위에 조성돼 있는 것입니다.

디센트럴랜드나 샌드박스의 경우에도 실제 게임을 진행하면서 여기서 사용할 수 있는 코인들이고, 글로벌 히트 게임들입니다. 게임을 하면서, NFT로 등록돼 있는 게임 아이템을 팔아 코인을 얻을 수 있고. 그 코인을 거래소에서 팔아 현금화할 수 있게 되는 시대가 아주 강력하게 열린 것이 바로 지금의 시기입니다. 필리핀에서 엑시인피니티가 서민경제를 이끌고 있다는 표현이 나올 정도로, 게임을 통한 경제 활동의 수준은생각보다 크다는 점을 짐작해볼 수 있습니다.

지금까지의 이야기를 간단히 정리해 보겠습니다.

1	• 기관들이 좋아하는 코인을 찾을 때 가장 전통적인 원조 세력인 그레이스케일 포트폴리오를 확인한다.
2	• 신흥 기관들이 관심갖는 종목도 확인해서 세부 사항을 정리한다.
3	• 최근 뜨거운 관심을 받고 있는 Defi/NFT/Play to eran 등의 종목은 주의깊게 살펴볼 필요가 있다.

이 정도로 정리해 볼 수 있을 것 같습니다. 장기적으로 길게 투자하고 싶을 때 뭘 선택해서 내 소중한 자금을 투입해야 할지 모르겠다면, 거대 기관들이 오랜 시간을 들여서 공들이고 있는 종목들이 하나의 예시가 될 수도 있을 것 같습니다. 물론, 이들 기관이 선택했다고 무조건 수익이 보장된다는 것은 아니기 때문에 하나의 참고자료가 될 수 있을 뿐 정답이 아니라는 점을 꼭 명심해야 합니다.

04

왜 내가 사면 떨어지는 것일까?

비트코인 투자를 하다 보면 '공포 탐욕 지수'라는 숫자를 자주 접할 수가 있습니다. 얼터너티브(https://alternative.me/crypto/fear-and-greed-index/) 등 몇몇 플랫폼을 통해 확인할 수 있습니다. 이게 별것 아닌 것으로 볼 수도 있지만, 시장에 의미있는 변화가 생겼다는 점을 후행적으로나마 확인할 수 있다는 점에서 의미가 있습니다.

예를 들어 1021년 10월 8일 얼터너티브의 공포탐욕지수가 74로 탐욕단계를 나타냈습니다. 이날은 비트코인이 5만3천 달러 부근에서 횡보를 하다가 5만6천 달러까지 튀어오른 날이고, 일부 알트코인들이 의미있는 시세를 받아서 거래량도 눈에 띄게 증가한 날이기도 했습니다. 이런 분위기를 놓고 보면, 이때의 공포탐욕 지수는 공포보다는 탐욕에 더 가깝다고 체감할 수가 있습니다. 물론 정반대의 경우도 있지만, 개인적으로 저의 경우에는 얼터너티브의 공포탐욕지수를 매일 아침 확인합니다. 비록 후행적인 성격이라고 하더라도 어쨌든 시장의 분위기를 느낄 수 있는 부분이 존재하다고 생각하기 때문입니다.

공포 탐욕 지수는 모두 5단계로 나눠집니다. 0에 가까울 수록 공포 상태를, 100에 가까울 수록 탐욕 상태로 볼 수 있습니다.

극단적 공포	»	공포	»	중립	»	탐욕	»	극단적 탐욕

비트코인이 시세를 받으면서 시장의 분위기 고조되면 될수록 공포 탐욕 지수는 극단적 탐욕을 가리키면서 100에 좀 더 가까이 다가서게 됩니다. 지금 현재 투자자의 투자 심리 상태가 어떤지를 가늠해 볼 수 있는 수치라고 할 수 있습니다. 쉽게 말해 투심 체크용 지수인 셈입니다.

투심 상태는 시장의 상태를 아주 기막히다 싶을 정도로 잘 반영합니다. 비트코인이 폭락을 하는 상황에서는 여지없이 공포 상태가 이어지고, 조금 오른다 싶으면 중립으로 바뀌면서 관망을 하다가, 시세가 다시 오른다는 시그널이 오면 곧바로 탐욕 상태로 전환이 됩니다.

탐욕 상태로 전환된다는 것은 그만큼 투자 심리가 크게 개선된다는 의미이고, 시장에 돈이 들어온다는 의미이고, 기관들의 자금 순환도 더 강화된다는 의미로 볼 수 있습니다. 돈이 들어오고 수요가 많아지니, 가격이 올라가는 상황은 자연스러운 흐름이라고 할 수 있습니다.

대체로 '왜 내가 사면 떨어지는 것일까' 이런 말을 하는 경우는 이런 시장의 상황을 고려하지 않고 '비트코인 가격이 엄청 오른다' '더 오를 것 같다' 이런 말들만 듣고 시장에 들어와서 돈을 투입하는 경우에 발생하는 경우가 많습니다. 현재 시장 상황이 수익을 실현하는 단계인지, 매수를 실행해야 하는 단계인지, 뭐하나 제대로 따져보지 않고 '남들이 오른다고 하니까, 오를 것 같으니까, 이런 고민을 하고 있는 지금도 오르고 있으니까' 이런 이상한 논리 구조로 스스로를 설득하면서 매수 버튼을 누르게 되는 것입니다. 남들은 이익을 보고 나만 손해를 볼 수 없다는 이른바 FOMO(fear of missing out) 심리가 작용하면서 바람직하지 않은 매수를 단행하게 되는 것입니다.

• 공포에 사서 환희에 팔아라

투자시장의 기본 원리 가운데 하나로 가장 고전적으로 거론되는 것은 '공포에 사서 환희에 팔아라'라는 말일 것입니다. 시장이 폭락할 때 저가에 매수를 해서, 값이 많이 올랐을 때 환희를 느끼면서 매도를 하라는 아주 기본 중의 기본 원칙입니다. 우리는 삶의 대부분의 영역에서 기본을 지키지 못하는 경우가 많은데, 기본을 지킨다는 것이 그만큼 어려운 일이기 때문일지 모릅니다. 공교롭게도 투자 시장에서도 이 원칙만 잘 지키면 적어도 손해보는 일은 발생하지 않는데 초보자들은 이걸 지키지 못해서 큰 손해로 시장을 떠나는 경우가 적지 않은 것 같습니다.

앞서 살펴봤던 '2억 원을 600억으로 불린 직장인' 에피소드에서도 이 사람이 대단했던 것은 비트코인 폭락장에서, 일반적인 직장인에게는 매우 큰 돈이라고 할 수 있는 2억 원을 매수했다는 것입니다. 과연 일반적인 소시민인 우리가 2억 원이라는 거액을 암호화폐 시장이 망해간다는 말이 나오는 그런 공포 상황에서 과감하게 매수할 수 있을까요? 대부분은 그렇지 못하는 것 같습니다. 저 역시 마찬가지이고, 늘상 이 매수 타이밍에 용기를 내어 투자를 하는 것은 정말 어려운 일이라고 생각합니다.

재미있는 것은 이런 과감한 투자는 고래들이 아주 잘 지키는 원칙이라는 데서 찾을 수 있습니다. 헤지펀드 페브발레 글로벌의 애널리스트인 마이클 린코는 고래들의 투자 특징을 아주 정확하게 표현하기도 했습니다.

"비트코인 고래들은 시장에 거품이 심하게 꼈다고 판단될 때 사이클의 상단에서 보유하던 비트코인의 일부를 개인 투자자들에게 팔아치우고, 이후 아무도 주목하지 않는 약세 사이클에서 다시 비트코인을 축적해 저점을 형성하도록 한다"

폭락장에서는 통상 투자 심리상태가 극단적인 공포 상태를 보이기 때문에 신규 투자 진입은 거의 이뤄지지 않습니다. 오히려 기존에 가지고 있던 코인이 폭락을 더 하게 되는 것이 무서워서 손해를 보는 상황에서 눈 딱 감고 던져버리는 개미 투자자들도 무척 많습니다. 시장이 파랗게 질려 있는 그런 상황이 매수 타이밍이라는 것이고, 이때 고래투자자들은 과감하게 매수를 단행한다는 것입니다.

마이클 린코의 분석 가운데 고래 투자자들의 매도 시점도 꽤나 의미를 부여합니다. 거품이 심하게 꼈다라고 말하는 순간은 보통 시세가 예상 이상으로 급등했을 때, 그때 고래들은 일부를 '개인 투자자들에게 팔아치운다'라는 것입니다.

보통 '내가 사면 꼭 떨어진다'라고 말하는 사람들은 이렇게 시장이 과열돼 거품이 꼈다고 볼 수 있는 시점에서 차익실현을 위해서 시장에 나온 매도 물량을 고스란히 받은 개미들일 가능성이 높습니다. 이른바 '개미 설거지'의 주인공이 되는 것입니다. 이게 폭탄이 떨어지는 것인지 기쁨이 떨어지는 것인지 구분도 못하고, 그냥 '더 오를 것 같아서' 이런 마음으로 매수할 때 벌어지는 상황인 것입니다. 공포에 사서 환희에 파는 것이 아니라, 환희인줄 알고 샀다가 공포를 맞이하게 되는 것이기도 합니다.

실제로 비트코인이 전고점을 찍었을 2021년 4월 당시에 시장은 이래도 되나 싶을 정도로 과열 상태였습니다. 비트코인이 무려 6만4천 달러, 우리돈으로 8천만 원이라는 역사적인 가격을 찍었으니, 더 오를 것 같다는 기대 심리가 확산하면서 코인의 고자도 모르는 사람들까지 마이너스 대출을 받아서 시장에 들어오던 때였습니다. 결과는 어땠을까요? 아주 간단합니다. 대부분의 코린이 개미 투자자들은 이때 소위 말해 '쎄게 물렸습니다'

결국 내가 산 뒤에 떨어지지 않고 오르는 상황을 보고 싶으면 모두가 시장에 뛰어드는 상승장에서 매수를 안 하면 된다는 아주 간단한 결론을 도출할 수 있습니다. 심리적으로 '와, 이러다 시장 망하는 거 아닌가' 이런 생각이 들 정도로 비트코인 시세가 쭉쭉 빠지면서 폭락하는 순간이 비정기적으로 찾아 오곤합니다. 고래들의 대량 매도 물량이 나왔기 때문일 수도 있고, 중국의 탄압 수위가 높아졌기 때문일 수도 있고, 여러가지 차트적인 요인, 이슈적인 요인이 섞이면서 급등과 급락이 펼쳐지는 것입니다. 신고가를 경신할 정도로 큰 폭의 상승을 하게 되면, 대체로 차익 실현을 위한 매물이 쏟아져 나올 가능성이 높기 때문에, 폭등 뒤에도 순간적으로 폭락이 찾아오기도 합니다. 경우의 수를 따지자면 한도 끝도 없겠지만, 이런 정형화된 상황들은 그때그때 숙지할 필요가 있습니다.

이런 매수 시그널은 차트가 보여주기도 하고, 심리적으로 느껴지기도 하지만, 의외로 언론이 잘 보여주기도 합니다. 워낙 호들갑에 강하고, 작은 것을 큰 것으로 부풀리는 경우도 많고, FUD(Fear Uncertainty Doubt)를 조장하는 경우도 많습니다. 한국 언론이 특히 강한 부분이기 때문에 이런 분위기로도 매수 타이밍을 짐작해 볼 수 있습니다.

언론에서 '비트코인 시장 드디어 거품 터졌다', '급격한 가격 변동성의 위기가 도래했다', '세계 비트코인 시장이 종말을 고하는 순간이다' 이런 식의 기사가 나오면 대체로 그때가 적절한 매수 타임에 가까울 가능성이 높습니다. 일단 표면적으로 비트코인이 폭락을 했을 때 나오는 기사이기 때문에, 보통 이런 기사들이 마구마구 쏟아져나올 때는 한 차례 의미있는 폭락이 이뤄진 뒤, 소폭 반등해서 횡보할 때가 많은 것 같습니다. 다시 말해, 폭락 뒤 조금 오른 상태에서 가격이 헤매고 있을 때이기 때문에 아주 최저가에 매수하지는 못해도, 상대적으로 저가 수준의 가격에 매수할 가능성이 높다고 할 수 있습니다. 간혹 욕심을 내서 '발끝에서 사서 상투에서 팔겠다'는 식의 전략을 짠다면서 하루 종일 차트만 바라보는 사람들도 있는데, 이건 전문 트레이더들의 영역입니다. 초보자들은 '무릎에서 사서 어깨에서 판다' 이 정도의 기준을 잡아서 욕심과 현실의 타협점을 만드는 게 정신건강에 좋은 것 같습니다.

정리하면, 차트도 볼지 모르고, 심리적 상태가 너무 주관적이라 내 마음도 못 믿겠다는 초보자 분들은 이런 주변 환경을 활용해서 매수 타이밍을 고민해 보시는 것도 좋은 방법이 될 수 있습니다. 이런 분위기가 얼추 느껴진다면, 그때는 추가 폭락 가능성에 대한 전문가들의 진단만 잘 살펴봐도 시장의 분위기나 흐름을 대충 짐작할 수 있는 경우가 많습니다.

• 코인 투자자라면 트위터 계정은 필수

그럼, 이런 질문을 할 수 있습니다 '전문가 분석은 어떻게 확인할 수 있지?' 대답을 드리자면 '트위터'입니다.

한국에서 트위터는 그렇게 임팩트있는 SNS로 여겨지지 않습니다. 워낙 카카오톡 중심의 메시지 채팅이 이뤄지고 있는 곳이고, SNS는 인스타그램의 영향력이 트위터보다는 더 센 모습을 보이는 것이 일반적입니다.

그런데, 비트코인과 관련된 정보가 가장 잘 교류되는 커뮤니티는 단연 트위터입니다. 대부분의 크립토 커런시나 블록체인 관련 유명인들은 트위터를 통해서 자신의 생각을 밝히고, 이걸 언론이 확인해서 기사화를 합니다. 기자 회견을 하거나 보도자료를 배포하는 게 아니라, 트위터에다 입장을 밝히면 여기저기서 기사화를 해줍니다. 사용자 중심성이 굉장히 강한 플랫폼이라고 할 수도 있습니다.

국내에서는 '입을 좀 막았으면 좋겠다'라는 비판을 엄청나게 받았던 테슬라 CEO 일론 머스크의 활동 무대 역시 트위터입니다. 갑자기 도지코인을 띄우거나, 비트코인 테슬라 결제 중단을 발표하거나 하는 모든 비트코인 관련 멘트는 머스크의 트위터를 통해서 이뤄집니다.

대부분의 암호화폐 분석가들이나 분석 기업들 역시 트위터가 주요한 활동 무대입니다. 미카엘 반 데 포페, 렉트 캐피탈, 라크 데이비스, 비트코인 아카이브, 플랜비 등 이름 자체가 경쟁력이 된 암호화폐 분석가들은 100% 트위터를 통해서 활동합니다. '대부분'이 아니라 100%입니다.

우리가 암호화폐 관련 기사에서 흔히 접하는 암호화폐 데이터 분석기관인 글래스노드, 크립토퀀트 등도 역시 트위터를 통해 최신 데이터를 공개하고, 언론이 이걸 확인해서 기사화를 합니다. 과거처럼 신문 방송 모아놓고 기자회견을 해야 유명인들의 생각이 전파되는 시대는 이미 진작에 지나가 버렸습니다.

이런 상황을 좀 더 과장해서 표현하자면, 만약 트위터 계정이 아직 없는 상황에서 암호화폐 시장에 뛰어든 것이라면 아직 준비가 되지 않았다고 말할 수도 있을 것 같습니다. 그 정도로 트위터는 암호화폐 분석가, 셀럽, 기관들의 의미있는 커뮤니티이고, 최대 규모라고 표현해도 틀린 말은 아닐 것 같습니다.

따라서, 전문가들의 분석을 종합적으로 살펴봐야 할 때는 앞서 언급한 분석가들의 계정을 팔로우하면서 틈틈이, 또는 필요할 때마다 그들의 최신 분석을 살펴보는 노력이 필요합니다. 물론 영어를 잘 못하는 경우 걱정이 될 수도 있지만, 요즘 워낙 인터넷 번역이 수준이 높아져서 대충 무슨 말인지 조금만 노력하면 이해할 수 있을 것이라고 생각합니다. 의지만 있으면 사실 뭐든 공짜로 얻을 수 있는 시대이기도 합니다.

• 트위터는 어쩌다?

여담으로 왜 트위터가 이렇게 비트코인 관련 핵심 커뮤니티가 된 것인지 간단히 말씀 드리자면, 트위터의 CEO 잭 도시는 지구 상에서 손에 꼽히는 비트코인 맥시멀리스트입니다. 보통 마이크로 스트래티지의 마이클 세일러나 트위터의 잭 도시 같이 비트코인에 인생을 걸었다고 표현해도 과언이 아닌 그런 사람들을 비트코인 맥시멀리스트라고 표현합니다. 비트코인 맥시멀 리스트가 CEO로 있는 트위터는 그래서 기능성 측면에서도 비트코인과의 연계성에 상당히 관심이 많습니다.

가장 대표적으로 꼽을 수 있는 것은 트위터가 비트코인을 송금할 수 있는 기능을 가진 아주 요상한 SNS라는 점입니다. 트위터에 콘텐츠를 올리는 콘텐츠 크리에이터들에게 비트코인으로 팁을 줄 수 있는 기능을 적용한 곳입니다. 거래소를 통하지 않고 트위터를 통해서 사용자들끼리 비트코인을 주고받을 수 있게 구현을 해 놓은 곳입니다. 그만큼 비트코인에 친화적인 플랫폼이고 적극적으로 서비스 적용에 나서는 곳이라고 볼 수 있을 것 같습니다. 전세계 하루 사용자 2억 명이 굳이 거래소를 찾지 않아도 트위터 플랫폼 위에서 비트코인을 주고 받을 수 있는 것입니다.

특히 트위터는 트위터에 올라오는 콘텐츠들을 손쉽게 NFT로 만들어 거래할 수 있게 하는 작업도 진행하고 있습니다. 2021년 가장 뜨거운 열풍을 일으켰던 NFT와 관련해서도 트위터에 적극적으로 적용하려는 시도를 하면서, 암호화폐와 블록체인의 최신 트렌드가 꽤 강렬하게 반영돼 있는 곳이라고도 할 수 있습니다.

암튼, 트위터 계정 없는 분들은 계정부터 만드신 뒤에 여러 유명인들 계정에 팔로우를 하시고, 댓글로 공감도 표시하시면서 소통하는 현직 투자자로 활동하시는게 더 많은 정보를 더 쉽게 얻을 수 있는 의미있는 방법이 될 수 있을 것이라고 생각합니다.

05

적금 넣듯이 투자해라?

"만약 30년 동안 장기 보유할 자산을 찾는다면 비트코인이 적합하다. 마이크로스트래티지는 비트코인에만 투자한다. 만약 당신이 기관 투자자자면 암호화폐 가운데 유일하게 기관급 자산인 비트코인에 투자할 것을 권유한다"

비트코인 시장에 대한 소식들을 접하게 되면 꼭 알아야 하는, 꼭 알게 될 수밖에 없는 인물들이 있습니다. 예를 들면, 일론 머스크가 아무리 싫어도 비트코인과 관련한 소식들을 접하다 보면 머스크 관련 소식을 만나게 될 수밖에 없습니다. 이런 인물 가운데 빼놓을 수 없는 게 단연 마이클 세일러 마이크로스트래티지 CEO입니다.

마이클 세일러는 비트코인 맥시멀리스트로 불리면서, 비트코인에 인생을 건 남자로 평가받기도 합니다. 그가 운영하는 마이크로스트래티지는 지구상에서 가장 많은 비트코인을 보유하고 있는 기업입니다.

2021년 9월 현재 마이크로스트래티지는 11만 4042개의 비트코인을 보유하고 있습니다. 평균 매수 단가는 2만7713달러입니다. 엄청나게 부러운 매수 단가라고 할 수 있습니다. 그런데, 마이클 세일러는 비트코인이 하락하거나 큰 조정이 올 때 비트코인을 추가 매수하는 방식으로 갯수를 늘려왔습니다.

마이크로스트래티지는 2021년 3분기에만 비트코인을 8957개를 추가로 매수했습니다. 비트코인이 4만 달러대에서 하락 조정을 받을 때 적극적으로 추가 매수를 하면서, 비트코인 수량을 늘려왔고, 2021년 10월 비트코인이 신고가를 갱신하면서 가장 큰 웃음을 지었을 사람들 가운데 마이클 세일러를 빼놓을 수 없을 것입니다.

• 적립식 매수가 정답?

투자 시장을 바라보면서 느끼는 점은 정답은 없다는 것입니다. 누군가는 단타 매매에 엄청난 재능을 가지고 있어서, 굉장히 빠르게 급등하며 달리는 말을 타고도 떨어지지 않고 잘 타는 사람들도 실제로 존재합니다. 또 다른 누군가는 단타만 하면 손해를 보지만, 아주 정확한 기업 분석, 코인 분석을 통해서 주식이든 코인이든 장기 투자로 적잖은 수익을 보기도 합니다. 사람의 특징, 성향 등에 따라서 투자 방식도 달라지고 적합한 투자 방식은 다 따로 있다는 점을 시간이 지날수록 더 강하게 느끼게 되는 것입니다.

만약 투자가 처음이라면, 더더욱이 코인 투자가 처음이라면 일단 단타는 위험한 경우가 많은 것 같습니다. 단타가 별 것 아닌 것 같고, 돈 쉽게 버는 것 같아도, 단타 매매로 수익률이 좋은 사람들은 대부분은 시장의 흐름을 꿰뚫고 있거나, 차트의 흐름에 굉장히 정통한 경우가 많습니다.

순간적으로 돈 많이 버는 것 같기도 하고 쉬워보일 수 있기도 하지만, 다 나름의 내공이 깔려 있기 때문에 가능한 것입니다.

단타칠 자신도 없고, 그래도 투자는 해보고 싶다면 그나마 정답에 가까운 것은 이른바 '적립식 매수'가 아닐까 싶습니다. 이건 꼭 코인 투자에만 적용된다기보다, 전반적인 투자 시장에 다 적용되는 방식이고, 적잖은 투자자 선배들이 조언으로 내놓는 투자 방식 가운데 하나입니다.

명칭에 다 담겨 있듯이 아주 간단한 논리입니다. 매달 적립식으로 매수를 해가면서 주식이든 코인이든 갯수를 늘려가는 방식입니다. 내가 운용할 수 있는 투자 자산이 한 달에 50만 원이라면, 매달 정해진 날 50만 원 어치 해당 자산을 매수하는 것입니다. 예를 들어 비트코인이 4만 달러든 6만 달러든 매수 당시의 시세에 개의치 않고, 그냥 그때 50만 원 어치 사는 것입니다. 4만 달러일 때 사게 되면 싸게 사서 좋은 것이고, 6만 달러일 때 사면 갯수를 늘려서 좋은 것이고, 그런 개념으로 투자의 방식으로 접근해 장기 투자를 하는 방식입니다. 이걸 아주 거대한 규모로 잘 하는 사람이 바로 마이클 세일러입니다.

물론, 마이클 세일러가 매달 적금 넣듯이 비트코인을 사지는 않습니다. 그는 회사채를 발행하든 차입금을 끌어오든 어떻게든 현금을 확보한 뒤에 비트코인 가격이 떨어졌을 때 추가 매수하는 방식을 사용합니다. 개미 투자자들의 매수와는 스케일도 다르고 방식도 다릅니다. 마이클 세일러가 엄청난 수량의 비트코인을 한 번에 추가 매수하는데도 당시 시장 가격에 큰 영향을 미치지 않는 것은, 그는 거래소를 통해서 매수하는 게 아니라 채굴자들을 통해서 직접 매수하기 때문입니다. 좀 더 저렴하게 대량으로 직거래를 하는 것입니다.

이런 그의 장기투자 방식을 우리에게 접목시키자면 '적립식 투자'에 가깝다는 말씀을 드리고 싶은 것입니다. 마이클 세일러의 말처럼 장기투자를 할 때는 비트코인만한 암호화폐 자산이 없을 수도 있고, 뭘 하려고 해도 잘 알지 못하는 초보자의 경우에는 비트코인이나 이더리움처럼 시장의 대장급 코인들이 안전할 가능성이 상대적으로 높습니다. 때때로 거래소에서 내가 투자하고 있는 코인을 상장폐지 해버리면서 큰 손해를 보게 되는 경우가 생기는데, 적어도 비트코인이나 이더리움은 상장폐지 될 일은 없습니다.

즉, 정리하면 이렇습니다. 메이저 코인을 선택해서, 매달 적립식 적금을 넣듯이 코인을 매수하는 방식으로 장기 투자 방식으로 접근하면, 시세가 출렁이는 것에 신경을 쓸 필요도 없고 1년 뒤, 2년 뒤에는 단기 투자 방식보다 더 높은 수익률을 올릴 가능성도 높습니다. 워렌 버핏의 말처럼 역사상 입증된 세상에서 가장 수익률이 좋은 투자 방식은 가치투자 방식이기 때문입니다.

물론, 이런 방식은 투자 성향에 따라서 맞는 사람과 그렇지 않는 사람이 존재합니다. 결국 내가 어떤 성향을 가진 투자자인지를 우선적으로 판단을 할 필요가 있습니다.

06

몰빵은 절대 금물!

"큰일 났어요, 몰빵했더니 현금이 없어요"

"물타고 싶은데, 현금이 없어요"

투자와 관련된 커뮤니티에 올라오는 가장 흔한 글의 내용 가운데 하나는 투자 시드 머니를 한 방에 다 투자를 해버려서 더이상 투자를 할 현금이 없어서 답답하다는 것입니다. 사실 내가 산 주식이든 코인이든 내가 매수한 뒤 상승세를 타면 별로 걱정할 이유가 없습니다. 투자한 금액이 크든 작든 어쨌든 수익권에 있기 때문입니다.

보통 차트의 흐름이나 시장 이슈 상황 등을 잘 모르는 초보자의 경우에는 '어째 좀 떨어진 것 같은데 이제 들어가볼까'하는 마음에 매수를 단행합니다. 차트 분석도 없고, 이슈 분석도 없고 '어째 이제 오를 것 같아서' '어째 사람들이 좋다고 하니까' 이런 방식의 뇌동 매매를 아주 쉽게 단행하는 것입니다. 나의 소중한 재산이 투입되는 것인데도 불구하고, 적잖은 사람들이 아주 쉽게 매수 버튼을 누릅니다. 왜? 내가 사고나면 곧 오를 것 같은 느낌적인 느낌이 들기 때문입니다.

하지만, 이런 식으로 매수를 하면 거의 열에 열이 후회를 하게 됩니다. 아주 정확하게 그 시점을 기준으로 하락을 하든 폭락을 하게 되는 것입니다. 특히, 비트코인 시장처럼 변동성이 큰 투자 시장에서는 한 번 떨어지면 아주 무섭게 떨어집니다.

2021년 4월 비트코인이 고점을 찍었을 때, '어째 더 오를 것 같은데'라는 마음으로 매수버튼을 누른 대부분의 사람들은 큰 손해를 보거나, 아니면 6개월 동안 지리한 하락장에서 반토막난 계좌를 보면서 한숨을 지어야 했습니다. 그래도 그걸 견뎌낸 사람들은 적어도 손해는 보지 않았으니 다행인데, 무려 6개월이라는 시간이 필요했습니다.

우리가 통상 투자를 할 때 목표는 '저렴한 값에 사서 비싸게 판다'는 기본원칙을 달성하는 것입니다. 100원에 사서 200원에 팔고, 그렇게 100원의 수익을 남기기 위해서 우리는 투자 시장에 뛰어듭니다. 그런데, 똑같은 주식이든 코인이든 누군가는 1개에 100원에 사는데, 또 다른 누군가는 1개에 50원에 삽니다. 누가 더 투자를 잘 하는 것일까요? 당연히 1개에 50원에 산 사람이 더 의미있는 저가매수를 한 것이고, 이익을 더 잘 구현할 가능성이 높습니다.

그런데, 우리는 투자 시장이라는 엄청난 전쟁터에 들어오면서 이런 기본적인 원칙조차도 따르지 않으려고 합니다. 지금이 들어갈 자리인지, 나올 자리인지조차 따져보지 않는 실수를 범하는 것입니다. 이유는 간단합니다. 무지하기 때문입니다. 지금 비트코인이 어느 정도 올랐는지, 이제 조정을 받을 차례인지, 추가 랠리를 기대해도 되는 것인지, 정확할 수는 없어도 대략적인 감을 잡을 정도로는 사전 스터디를 해야 하는데, 이런 과정 없이 '오를 것 같아'라는 아주 단순한 뇌동 매매를 매수의 기준으로 삼는 경우가 많은 것입니다.

2021년 4월을 예로 들어보겠습니다. 당시 비트코인은 7달 내내 오르면서 전고점을 찍었습니다. 6만 4천달러, 원화로는 8100만 원을 넘긴 아주 역사적인 기록이 세워졌습니다. 그때 시장을 조금이라도 아는 사람들은, 그 타이밍이 적어도 신규 매수에 들어갈 자리가 아니라는 것 정도는 느낌적으로 알고 있습니다. 폭등 뒤에는 폭락 또는 강력한 조정이 오는 시장이라는 것을 잘 알고 있기 때문입니다. 물론, 언제 얼마나 빠질지는 아무도 모릅니다. 그건 신도 모른다는 말이 있을 정도로 예측이 불가능합니다. 다만, 들어갈 자리인지, 지켜봐야 할 자리인지 정도는 어느 정도 판단할 수 있었던 상황이었습니다.

당시 뭣도 모르고 비트코인을 8천만 원대에서 신규매수한 코린이들은 다음 반 년 동안 자신들에게 어떤 일들이 닥칠지 알지 못했습니다. 다들 비트코인이 1억 간다 어쩐다 이런 소리들을 아주 쉽게 내놓을 때여서, 그게 진짜 꼭 그렇게만 될 것 같았기 때문입니다. 그래서, 있는 돈 없는 돈 다 끌어다가 한 방에 매수를 단행했고, 그렇게 6개월에 달하는 인고의 시간을 거쳐야 했습니다. 이걸 기다릴 수 없었던 사람들은 적잖은 손해를 감내해야 했습니다.

변동성이 큰 시장일 수록 분할 매수가 중요하다고들 합니다. 내가 가진 시드 머니를 한 방에 써버리는 것이 아니라, 3분할 정도 나눠서 진입을 시키는 방식입니다. 내가 산 뒤 오를지, 내릴지 그걸 모르는 상황에서 어느 정도 리스크 관리를 할 수 있는, 그나마 아주 쉬운 방법 가운데 하나여서 많이들 기본 중의 기본이라고 설명하는 것 같습니다.

• 분할매수의 원칙

보통 일반적으로 강조되는 방식은 매수와 매도 모두 3회 분할로 매매하라는 것입니다. 예를 들어보겠습니다. 나는 현재 900만원의 현금 시드를 가지고 있고, 내가 매수하고자 하는 코인의 현재가격은 2000원입니다. 나는 지금의 가격이 괜찮다고 생각해 1차 매수를 진행하기로 했습니다. 3회 분할 매수를 하기로 했다면 가지고 있는 시드의 1/3만 투입해야 합니다.

1차 매수를 진행했다면 추가 매수의 기준점을 명확히 해야 합니다. 누군가는 -30%를 누군가는 -50%를 기준점으로 잡습니다. 예를 들어 내 기준이 -30%라고 해보겠습니다.

2000원에 매수한 코인이 -30%가 빠진 1400원으로 가격이 내려앉았다면 이때가 2차 매수 시점이 됩니다. 그럼 나는 1400원에서 300만원을 투입하고 되고, 나의 평균 매수 단가는 1700원이 됩니다.

여기서 또 -30%가 빠지면 3차 매수를 진행하게 되고 그렇게 평단을 조심씩 낮추게 되면 시장이 회복됐을 때 좀 더 빠르게 수익 실현을 할 수 있게 됩니다.

• 현금비중 확보의 중요성

또 하나 굉장히 중요하게 강조되는 부분은 현금 비중이 늘 확보돼 있어야 한다는 점입니다. 우리는 신이 아니기 때문에 비트코인의 시세가 언제 하락하고 상승할지 알 수 없습니다. 특히, 예상치 못한 폭락이 나올 때 많은 사람들은 패닉에 빠지지만, 누군가는 폭락을 바겐세일로 받아들여 추가매수를 진행하거나, 신규매수를 진행해 수익을 내기도 합니다. 물론, 언제든 사용할 수 있는 현금이 항상 준비돼 있을 때 가능합니다. 그래서, 코인투자를 할 때는 가지고 있는 투자자금 가운데 30~50%는 늘 만약의 사태에 대비해 현금으로 가지고 있는 자세가 필요하다는 말이 나오는 것입니다. 현금 보유도 능력이라는 것이죠.

문제는 이게 쉽지 않습니다. 상승장에서는 아무거나 사도 다 오른다는 말이 나오기도 하기 때문에 현금을 자신이 정한 기준에 맞춰 보유하는 것은 생각만큼 쉬운 일이 아닙니다. 그래도 상승장에서는 투자한 현금이 수익으로 이어지기 때문에 큰 문제는 없지만 최근의 하락장에서는 현금 보유 능력이 투자의 성패를 가른다는 말이 나올 정도로 현금 확보 역시 투자자의 역량으로 평가되기도 합니다.

분할매수의 필요성, 현금 비중 확보 등은 사실 아주 많은 전문가들이 강조하는 기본 중의 기본으로 꼽히는 부분입니다. 문제는 어떤 분야든 기본을 지키는 것이 가장 어렵다는 것에 있습니다.

그래서 특히나 초보자라면 이런 부분에 대해서 사전에 교통정리를 해 놓고 투자에 나서야 합니다. 전체 시드를 어떻게 분할해서, 마이너스 몇 퍼센트 단위로 현금을 투입할지를 미리 결정해 놓고 투자에 나서야 한다는 것입니다. 이건 매수 가격뿐만 아니라 매도 가격 역시 사전에 세팅을 해 놓을 필요가 있다고 적잖은 전문가들이 말합니다. 내 목표가격을 미리 설정해 두고, 얼마에 도달했을 때 30%를 매도해서 수익을 내고, 또 얼마에 도달했을 때 30%를 매도해서 수익을 내고, 이런 방식의 기준을 매수/매도 버튼을 누르기 전에 미리 짜놓아야 한다는 것입니다.

물론, 이게 어렵습니다. 무척 어렵습니다. 특히 코인 시장처럼 변동성이 큰 마켓의 경우에는 진짜 갑자기 나도 모르게 매수 버튼을 누르는 경우가 적지 않습니다. 손을 묶어 두고 싶다라는 말이 나오는 것은 분위기에 휩쓸려서 나도 모르게 계획없이 매매를 단행하는 경우가 그렇게 많다는 것으로도 바라볼 수 있습니다.

살 때든 팔 때는 분할해서, 현금은 언제나 일정 부분을 확보하면서, 이런 기본 원칙을 잘 지켜서 투자하시면 더 좋은 결과를 이끌어내실 수 있지 않을까 생각됩니다.

마지막으로 비트코인 고래 투자자로 유명한 조007이 자신의 트위터에 올린 멘트를 짚어 보겠습니다.

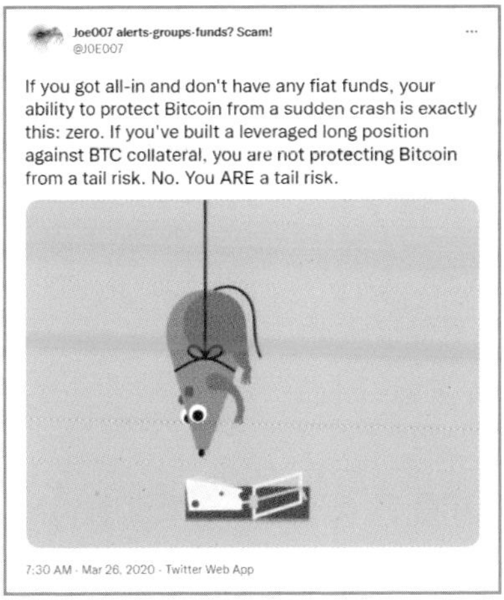

그림 출처 : Joe007 트위터

그는 이제 곧 먹잇감을 먹을 수 있을 것이라고 생각하는 생쥐의 이미지를 올리면서 이렇게 말했습니다

"비트코인이 10만 달러를 넘어설 것이라고 말하기보다 장기적이고 깊은 하락장에서 생존할 수 있는 준비가 됐다고 말할 수 있어야 한다. 만약 올인한 상태로 현금을 보유하고 있지 않다면 비트코인 급락장에서 스스로를 보호할 수 있는 능력은 제로다. 만약 비트코인을 담보로 레버리지 롱 포지션을 잡고 있다면 당신은 꼬리 위험으로부터 비트코인을 보호할 수 없다"

비트코인 고래로 불릴 정도로 엄청난 돈을 투자하고 있는 사람조차 '현금 비중 확보의 중요성'에 이렇게 힘주어서 강조하고 있다는 점, 우리 같은 개미 투자자들에게는 꽤나 기본적인 투자 원칙으로 새겨야 할 부분이 아닐까 생각됩니다.

07

비트코인 폭락장은 신도 모른다!

암호화폐 시장의 가장 큰 특징이자 단점으로 지목되는 부분은 변동성이 크다는 것입니다. 그마나 2021년 10월 미국에서 비트코인 선물 ETF가 잇따라 출시되면서, 나스닥 거래가 가능하게 된 점은 이런 변동성을 약화시키는데 적잖은 의미를 부여하긴 했습니다.

시장을 조금이라도 경험해 보신 분들은 아시겠지만, 변동성이 크다고 이야기하는 그 수준이 꽤 높습니다. 어제 분명히 플러스 30%였던 것이 자고 일어났더니 마이너스 30%가 돼 있는 경우도 있습니다. 엄청난 널뛰기가 이뤄질 수 있는 시장이라는 것이 일단 가장 어려운 지점이고, 이 시점이 언제가 될지 모른다는 점 역시 못지 않게 어려운 지점입니다.

아무리 차트를 정교하게 분석해도 외부 충격 하나가 터지면 차트 분석의 의미를 무색하게 만들정도로 차트는 크게 흔들리는 모습을 보이곤 합니다. 물론, 차트 분석도 중요하고 이슈 분석도 중요합니다. 문제는 이 모든 노력을 무력화시키는 외부 충격이 터지면, 세상의 그 어떤 투자 시장보다 암호화폐 시장이 아주 취약하게 주저앉는다는 데 있습니다.

2021년 한해 동안에는 이런 외부 충격 이슈들 가운데 인상깊은 것들이 꽤 잇따라서 터졌습니다. 먼저 비트코인이 2021년 4월 전고 돌파를 이뤄낸 뒤 조정을 받고서 다시 기지개를 펼 것만 같았던 시기였습니다. 업비트 기준으로 비트코인 시세가 쭉 빠지는 것 같았지만 5월로 접어들면서 그래도 7천만 원대를 잘 회복했고, 그렇게 회복세로 접어들 것만 같았습니다. 그러다 난데없이 등장한 것이 테슬라의 비트코인 결제 취소였습니다. 비트코인 우군으로 알고 있었던 테슬라 CEO 일론 머스크가 난데없이 비트코인의 환경 이슈를 제기하면서 비트코인 결제 취소를 발표했고, 비트코인 시세는 곧장 녹아내렸습니다. 비트코인의 작업 증명 방식의 채굴로 인해서 너무 많은 전력을 사용하게 되고 이게 환경을 파괴한다는 논리가 난데없이 등장했던 것입니다.

그러다 연타로 날아들었던 것이 중국의 비트코인 전면 규제 이슈였습니다. 사실 해마다 반복됐던 이슈였지만, 중국이 칼을 꺼내 들 때마다 비트코인은 주저앉았고, 그렇게 시장 전반에 악재로 작용했습니다. 중국 공산당은 탈중앙화의 상징이 된 비트코인을 때려잡고, 대신 디지털 위안화를 블록체인 시대의 중국 자국 디지털 화폐로 자리하게 만들기 위해 무던히도 노력하는 모습을 보였습니다. 물론, 몇 달 뒤 비트코인 시장은 잘 회복되는 모습을 보였지만, 일단 이런 외부 충격은 터졌다 하면 시장 전체를 뒤집어버리곤 했습니다.

비트코인 등 암호화폐 투자가 어려운 것은 이렇게 외부 충격에 상대적으로 취약하다는 점 때문 아닐까 생각됩니다. 주식 시장처럼 완전히 제도권에 자리잡은 투자 시장이 아니고, 그 과도기를 지나다 보니까, 뭐 하나 안 좋은 소식이 전해지면 폭락하고, 좋은 소식이 전해지면 의외로 폭등을 하는 경우를 심심찮게 목격할 수 있는 곳이 바로 비트코인 시장인 것입니다.

그래서, 초보자들이 대응하기 어려운 곳이 비트코인 시장이기도 합니다. 예측 자체가 어려운데다, 갑자기 일이 터지면 대응하는 것도 쉽지가 않습니다. 그래서 사실 어느 정도 투자 내공이 필요한 시장인데, 그렇다고 딱히 주식 투자 내공이 있다고 해서 비트코인 투자를 잘 하는 것은 아니어서, A+B = C 같은 공식화해서 말하기 어려운 부분이 많이 존재하는 것 같습니다. 그래서 '어려운 시장'이라는 짧은 표현으로 이 시장을 설명하는 것인지도 모르겠습니다.

그럼에도 불구하고 적잖은 초보자들이 이 시장에 달려드는 것은 '어쩌면 혹시 나에게도'라는 기대감이 깔려있기때문 아닐까 싶습니다. 아무것도 모르는 초보자가 정말 운이 좋아서, 아무 것도 모른 채 매수한 코인이 난데없이 급등하면서 하루 만에 2배로 불렸다는 소식도 심심찮게 접할 수 있는 곳이 코인 시장이기도 합니다. 사실 이건 비정상적이라고 할 수 있는 부분이지만, 엄연히 현실에서 벌어지는 일이기도 합니다. '리플이라는 이름이 마음에 들어서 1천만 원 어치 매수했는데, 한 달도 안 돼 2천만 원이 됐다' 이런 일은 실제로 벌어지기도 합니다.

그래서 이런 '혹시나 하는' 기대심리를 가지고 시장에 들어오는 초보자들이 아주 많습니다. 대체로 이런 분들은 여윳돈이 아니라 생계형 자금인 경우가 많아서, 일단 매수를 하면 그때부터 밤잠을 설치게 됩니다. 변동성이 큰 것 같은데, 혹시 '내가 잠든 사이에' 폭락이 오면 어쩌나 하는 마음이 자리하게 되기 때문입니다.

물론, 이런 분들 가운데 순전히 운이 좋아서 큰 수익을 얻게 되는 경우도 있지만, 아무 계획없이 운만 바라고 투자했다가 소중한 재산을 날리는 경우도 적잖이 접할 수 있습니다. 그만큼 위험한 시장이라는 것에 대해서는 늘상 염두에 둘 필요가 있지 않을까 생각합니다.

비트코인 폭락장의 시점은 신도 모른다는 말이 있습니다. 그만큼 예측도 어렵고 대응도 어렵습니다. 운이 좋아서 돈을 벌 수도 있지만, 그 운만 바라다 모든 걸 잃을 수도 있다는 점도 꼭 기억하시면 좋겠습니다.

08

코인 정보 교류의 함정

암호화폐 투자뿐만 아니라 보통 투자 시장에 투자자로 참여하게 되면, 그 시간은 대체로 외로움을 감내해야 하는 시간이기도 합니다. 시간날 때 가끔 차트 확인하는 수준은 이런 정도의 관점으로 바라볼 필요가 없겠지만, 오로지 전업 투자자로서 접근하시는 분들은 종일 차트만 바라보고 분석하고 매매하면서 대부분의 시간을 쓰게 되는 것 같습니다. 그래도 주식 시장은 장이 마감하는 시간과 날이 정해져 있지만, 코인 시장은 1년 365일 24시간 내내 진행되는 특수성이 있습니다. 자칫 몸도 상하고 마음도 상하고, 재산도 상할 수 있는 위험한 시장이라는 말은 그래서 나오는 것 같습니다.

전업이든 아니든 코인 투자를 시작하게 되면, 혼자서 보내는 시간이 많아질 수밖에 없는 것 같습니다. 남들이 좋다는 종목을 사서 대충 이익 좀 보겠다는 마음을 가진 게 아니라면, 차트도 공부해야 하고, 종목에 대한 분석도 진행해야 하고, 나름 할 일이 많이 있습니다. 대부분 혼자서 스스로 학습을 해야 하는 것들이어서 홀로 보내는 시간은 그래서 더 늘어날 수밖에 없습니다.

그렇다 보니까 주목받는 곳이 코인 커뮤니티입니다. 혼자서 잘못된 판단을 하는 것에 대한 두려움을 상쇄시킬 수 있을 것 같은 기대감, 다른 사람들의 생각을 엿볼 수 있을 것 같은 기대감이 작동하는 곳이 바로 커뮤니티입니다. 특히, 내가 가진 정보를 공유하고, 남이 공개한 정보를 습득하면서 정보 공유의 마당으로서 기능을 할 수도 있습니다. 문제는 이런 선순환이 대체로 일어나지 않는 경우가 많다는 데 있습니다.

코인 관련 커뮤니티에서 활동해보신 분들은 아시겠지만, 생각보다 훨씬 상식 이하의 수준을 가진 사람들이 많다는 점을 느끼게 됩니다. 상대방에 대한 예의는 차치하고, 정보 공유라는 기본 컨셉 자체가 없는 경우가 의외로 많아서 적잖이 놀라는 경우가 잦습니다. 그래서 괜히 좋은 마음으로 커뮤니티에 가입해 활동하다가, 바보 취급을 당하거나 심지어 조롱을 당하는 경우도 심심찮게 목격할 수 있습니다. 정보 공유의 창구가 아니라, 감정 배설의 창구로 변질된 경우를 접할 수 있는 것입니다.

물론, 모든 모래들 사이에 진주는 존재합니다. 그래서, 제대로 된 정보 공유를 위해서는 나름의 시간을 들여서 노력을 초반에 해줘야 합니다. 세상에 공짜는 없다는 점은 코인 커뮤니티에 가입하면서도 느끼게 될 수 있는 부분입니다.

• 모래 속의 진주를 찾아라

굉장히 수준 낮은 참여자들이 있는 반면, 정반대의 경우도 상당히 존재합니다. '이렇게 훌륭한 사람이 공짜로 정보를 공유해 주는구나'라는 생각을 갖게 만드는 경우를 조금만 노력하면 접할 수 있습니다. 코인 시장을 비롯한 투자시장에는 사실 별의별 사람들이 다 모여있는 곳입니다. 있는 빚 없는 빚 나 끌어모아서 투자에 나선 사람들이 있는 반면, 일론 머스크나 잭 도시 같은 세상을 혁신하고 바꾸는 인물들이 투자하는 공간이기도 합니다. 별별 다양성을 다 겪을 수 있는 나름의 매력(?)이 있는 공간이기도 한 것입니다.

그래서, 진짜 제대로 된 '선수들'이 종종 있습니다. 자신이 분석한 내용을 '불쌍한 초보들'을 위해서 기꺼이 공개하는 것입니다. 꽤 적중률 높은 코인 종목 추천을 해주는 경우도 접할 수 있습니다. 이런 사람들을 일단 5명 정도 찾으실 것을 추천합니다. 사람의 글을 보면 그 사람의 인성이 어느 정도 보이기 마련입니다. 글의 내용, 수준, 댓글 반응 등을 종합적으로 검토해서 그 사람의 글을 꾸준히 읽어야 합니다. 과거의 글들은 당연히 모두 탐독해야 하고, 최신의 글은 알람 설정을 해 놓고 받아서 봐야 합니다. 네이버의 경우에는 내가 알람을 맞춰놓은 게시자의 글은 별도 피드를 통해서 확인할 수 있습니다. 굳이 카페에 방문하지 않아도 '의미있는 글'을 접할 수 있는 것입니다. 카페나 커뮤니티에 존재하는 수많은 배설물 같은 저급한 글들은 아예 제치고 시작할 수 있는 환경을 스스로 조성해야 하는 것입니다. 불필요한 스트레스를 피할 수 있는 괜찮은 방법입니다.

여기서 또 하나 재미있는 지점이 있습니다. 아무리 의미있는 내용을 공유해서 공유 정보의 가치를 극대화시키는 노력을 하더라도, 여기에도 막말 댓글을 달면서 조롱하는 경우가 적지 않다는 것입니다. 그래서 커뮤니티 활동을 하다 보면 악플에 지쳐서 글 작성과 정보 공유를 중단하는 경우도 꽤 접할 수 있습니다. 좋은 정보를 선한 의도에서 제공하는 사람들을 향해서 인터넷 공간의 익명성을 악용해 감정 배설의 수단으로 활용하는 것입니다. 천박함이라는 단어는 이미 이럴 경우에 사용하라고 존재하는 것 아닐까 싶습니다.

어쨌든, 초보자인 우리는 우리보다 더 많이 알고, 더 나은 수준에 자리한 멘토를 찾아야 합니다. 네이버 카페나 인터넷 커뮤니티를 통해서 발품을 팔아서 찾을 수도 있고, 요즘 유행하는 1:1 멘토링 서비스를 받을 수도 있습니다. 물론, 이 경우에는 멘토링 서비스에 따른 비용이 지불된다는 점이 차이입니다. 늘상 느끼는 것이지만, 세상에는 공짜는 없는 것 같습니다. 공짜로 보이는 것도 사실은 내 시간과 노력이라는 비용을 지불해야 합니다. 이 부분은 각자의 상황과 특징에 따라서 선택을 하면 됩니다. 중요한 것은 '나보다 나은 누군가의 조언이 반드시 필요하다'라는 점입니다.

저의 경우에는 시장이 돌아가는 흐름에 대해서는 어느 정도 파악을 하고 있기 때문에, 국내 분석가들보다는 해외 분석가들의 분석을 찾는데 시간을 들이는 편입니다. 이 역시 트위터에서 조금만 시간과 노력을 들이면, 지금 암호화폐 시장에서 누가 주목받는 분석을 내놓는지 쉽게 찾아볼 수 있습니다. 가장 신뢰받는 분석가 가운데 하나인 플랜비(Planb)의 트위터 계정에만 들어가봐도 수많은 정보들을 접할 수 있고, 여기서 연관계정으로 추천되는 인물들만 잘 숙지해도 얼추 내게 필요한 정보는 쉽게 수집할 수 있습니다. 이런 정보들 수집하다가 재미삼아 일론 머스트 트윗에 댓글도 한 번 달아보고, 잭 도시 응원도 해보고, 마이클 세일러에게 Hi~ 한 번 날려주는 재미도 찾을 수 있습니다. 마음만 먹으면 뭐든 할 수 있고, 뭐든 찾을 수 있습니다. 그런 세상입니다. 사람에 따라, 노력에 따라 접할 수 있는 수준과 양의 차이일 뿐, 어느 정도 수준의 정보 획득은 우리 마음먹기에 달린 것 아닐까 생각합니다.

기억하세요. 어설픈 정보 교류 시도는 자칫 스스로 함정을 만드는 길이 될 수도 있다.

09

차트 / 이슈 공부는 꼭 해야 할까? - 차트 / 이슈 해석의 중요성

저는 유튜브 '크립토 블라블라' 채널을 운영하고 있습니다. 채널을 운영하면서 가장 많이 받는 질문 가운데 하나는 차트 공부에 대한 것입니다. 차트 공부라는 것 자체가 어렵게 느껴지기 때문에 갖게 되는 자연스러운 궁금증이라고 생각합니다. 먼저 말씀드리자면 저는 차트를 전문적으로 볼줄 아는 사람도 아니고, 전문적인 역량을 키우기 위해 노력도 하지 않습니다. 매매 자체를 통해서 단기적으로 큰 수익을 얻기 위한 목표를 가지고 있지 않습니다. 펀더멘털 튼실한 종목 선택해서 중장기적으로 끌고 가는 방식의 투자를 하고 있기 때문입니다. 저 같은 스타일은 쉽게 말하면, 폭락할 때 매수해서 목표 가격 주변에서 매도하면 됩니다. 아주 간단합니다.

그런데, 이건 철저히 저의 개인적인 매매 방식입니다. 단타 매매 같은 것은 할 자신도 없을 뿐더러, 그렇게 차트에 얽매이는 생활은 하고 싶지 않아서 나름의 선택을 한 방식입니다. 그렇다 보니까 저는 차트를 잘 볼지 모릅니다. 기본적인 흐름을 파악하는 수준 정도이지, 차트를 통해 몇 퍼센트 상승과 그 시점을 예측하는 것은 저에게는 불가능한 영역입니다. 그럼에도 불구하고, 차트에는 해당 종목의 역사가 담겨 있습니다. 그 역사 속에는 사람들의 심리가 고스란히 녹아 있습니다. 이 흐름의 일관성을 관측하면서 흐름을 예측하는 차트 전문가들을 저는 개인적으로 대단하다고 생각합니다.

• 차트 분석의 필요성

그래서, 가급적이면 차트에 대한 기본적인 부분은 숙지하는 게 좋다고 생각합니다. 차트를 전혀 볼 줄 모르면서 투자를 한다는 것은 다소 넌센스에 가깝습니다. 지금 이 친구가 저항선 부근에 있는지 저항선이 지지선으로 바뀐 것인지, 골든 크로스가 형성된 것인지, 데스 크로스를 맞이하는 것인지, 그 시점은 어떻게 예상할 수 있을지 등 정도는 볼 줄아는 것이 투자할 때 편한 것 같습니다. 그래서, 차트를 전혀 볼줄 모르는 초보자라면 책이든 유튜브든 차트 분석과 관련된 전문가들의 가르침을 얻을 필요가 있습니다. 저는 전문가가 아니기 때문에 차트에 대해서는 별도로 언급하지 않으려고 합니다. 선무당 수준의 지식을 책 속에 표현하는 것은 자칫 잘못된 정보 유포에 스스로 한몫을 하게 되는 결과로 이어질 수 있다고 생각하기 때문입니다.

• 이슈 분석의 필요성

저 개인적으로는 차트보다는 이슈 분석에 더 큰 방점을 찍고 있습니다. '크립토 블라블라' 채널 역시 핵심 컨셉은 암호화폐와 블록체인 이슈를 분석하는 것입니다. 차트가 아무리 견고하게 분석되더라도, 예상치 못한 외부 충격 하나 터지면 다 무용지물이 된다고 생각하기 때문에 차트도 중요하지만 이슈에 더 방점을 찍는 것입니다. 오랜 시간 정보의 흐름을 분석하면서 지내왔다는 점도 이런 개인적 특성을 갖게 만든 것인지도 모르겠습니다. 더 잘하고 자신있는 부분에 더 방점을 찍고 접근한다고 표현할 수도 있을 것 같습니다.

차트가 지나온 역사를 통해서 미래를 예측하는 도구로 활용된다면, 이슈는 앞으로 벌어질 상황을 암시하는 도구로 활용될 수 있다고 생각합니다. 예를 들면 2021년 11월 미국 연준 FOMC 정례 회의에서 테이퍼링이 공식 발표될 것이라는 건 꽤 중요한 이슈입니다. 이날 만약 금리 인상까지 결정된다면 자본 시장 전체에 큰 파급이 몰려올 수도 있습니다. 물론, 금리인상 발표는 가능성은 낮지만, 철저히 대비해서 나쁠 건 없습니다. 특정 예고된 이슈가 변동성을 담보하고 있다면, 일단 가능한 선에서는 현금화 대비 등을 고민해 볼 수 있습니다. 폭락 상황이 펼쳐지면 저점 매수의 기회를 얻게 될 수 있기 때문입니다. 그게 아니면 어느 정도 비중을 현금화하면서 리스크 대비를 한다는 차원에서 바라볼 수도 있습니다. 예고된 이슈를 분석하는 이유는 이런 데 있습니다.

물론 예측 불가 상황의 이슈가 터지기도 합니다. 중국이 갑자기 암호화폐 채굴 단속 조치를 발표하거나, 일론 머스크가 난데없이 비트코인 테슬라 결제 중단을 발표하는 상황은 예측할 수 있는 이슈가 아닙니다. 그래도 일단 이런 일이 터진 뒤에도 해당 이슈에 대해서는 분석할 필요가 있습니다. 추후 비슷한 상황이 터질 가능성이 있기 때문에 '이런 이슈가 터지면 이 정도 상황이 벌어지더라'라는 부분에 대한 학습이 가능합니다. 그래서 이슈 분석은 중요합니다.

정리하면, 간단합니다. 차트 분석과 이슈 분석 모두 병행해야 한다는 점입니다. 이도 저도 귀찮고 그냥 돈만 벌고 싶다면, 정중히 투자 시장에서 물러나실 것을 권유드립니다. 우연히 운이 좋아서 그냥 돈만 벌게 되는 경우도 있긴 하지만, 그건 아주 예외적인 경우입니다. 세상이 그렇게 호락호락하지 않다는 것은 투자 시장 진입을 바라보시는 경우라면 대부분은 알고 계실 것이라고 생각합니다.

개인적으로는 투자를 시작하면서 일상이 조금 피곤해졌습니다. 살펴봐야 할 정보도 많고, 정보로 인한 스트레스 수위 역시 꽤 높아졌습니다. 그럼에도 불구하고, 차트도 좀 보고, 이슈도 분석을 하고, 그렇게 정보 나눔을 하는 것은 이를 통해 얻을 수 있는 것들이 아주 분명하게 존재하기 때문입니다.

귀찮고 어렵게 느껴져도 어쩔 수 없습니다. 이슈 분석은 저와 함께 하시면 될 것이고, 차트 분석도 훌륭한 전문가들이 국내외에 아주 많습니다. 나와 궁합이 잘 맞는 사람을 유튜브나 트위터에서 한 둘 찾아서 꾸준히 함께 정보 공유의 시간을 마련하는 것은 기본 중의 기본이기도 하고, 그렇게 어려운 일도 아닙니다. 유튜브 보는데 당장 돈이 드는 것도 아닌데, 이것 조차도 귀찮고 어렵게만 느껴지면, 너무 도둑놈 심보 아닐까요?

10

온체인 데이터가 뭔가요?

암호화폐 시장에 들어오게 되면 '온체인 데이터'라는 표현을 아주 자주 접할 수 있습니다. 말 그대로 on-chain, 체인 위에 있는 데이터를 의미합니다. 블록체인 데이터, 날 것 그대로의 데이터를 의미합니다.

얼핏 느낌적으로 느끼셨겠지만, 데이터를 분석하는 일은 어렵습니다. 게다가 암호화폐 분석과 관련된 날 것의 데이터 자체는 사실 처음 보면 '이게 뭔 소린가' 싶을 때도 적지 않습니다. 용어도 낯설고 설명도 어렵습니다. 그래서 개인적으로는 안 그래도 살펴봐야 할 정보들이 많은데, '꼭 온체인 데이터까지 직접 분석할 필요가 있을까'에 대한 질문에는 '꼭 해야 하는 분석은 아니다'라고 말씀드리고 싶습니다. 초보자들에게는 자칫 스트레스 요인으로 다가올 수도 있기 때문입니다.

그래서, 직접 분석하는 건 번거롭고 어렵게 느껴지더라도 누군가가 분석한 내용은 가급적 살펴보는 것이 좋다고 생각합니다. 온체인 데이터 안에는 말 그대로 수많은 데이터들이 담겨 있고, 이 데이터가 가리키는 방향성이 존재하기 때문입니다.

여기서는 아주 간단하고 쉽게 해석할 수 있는, 그런데 자주 접하게 되는 온체인 데이터 사례를 간단히 살펴보고, 이런 데이터를 접할 수 있는 방식에 대해서 이야기를 나눠보겠습니다.

• 글래스노드 & 크립토퀀트

암호화폐 관련 기사들을 보면 '글래스노드 데이터에 따르면…' '크립토퀀트 데이터에 따르면…' 이런 식의 표현을 자주 접할 수 있습니다. 그만큼 대표적인 암호화폐 온체인 데이터분석 기관들입니다. 수많은 온체인 데이터의 의미를 분석해서 공개하는 기관들입니다. 물론 유로로 돈을 내면 더 정교한 데이터를 접할 수 있습니다. 하지만, 돈을 내지 않더라도 초보자들에게는 충분히 유의미한 데이터들을 살펴볼 기회는 많이 있습니다.

먼저, 이들 기업들은 트위터 계정을 통해서 중요한 온체인 데이터에 대한 분석을 제공합니다. 예를 들어 2021년 10월 24일 글래스노드는 0.1ETH 이상을 보유한 지갑의 수가 590만9천개로 사상 최다를 기록한 것으로 나타났다는 온체인 데이터를 공개했습니다. 이 데이터만 놓고 보면 사실 어떻게 해석을 해야 할지 모를 수 있습니다. 다만, 시장을 조금 경험해 본 사람이라면, 고래 투자자가 아니라 개미 투자자가 늘었다는 방향성의 의미를 잡아낼 수 있습니다. 통상, 개미 투자자들이 본격적으로 진입하게 되면 알트코인 불 마켓(Bullish Market)이 벌어지는 경우가 많다는 점에서, 알트코인 대장 이더리움에 개미투자자들이 몰려 있다는 것은 그만큼 알트코인으로의 자금 이동을 기대할 수 있는 부분으로 해석할 수 있습니다. 이런 의미 해석 능력이 없어도 상관없습니다. 이걸 의미분석해서 공유하는 사람들이 전 세계에 아주 많기 때문입니다. 제가 운영하는 '크립토 블라블라' 채널에서도 이런 내용을 다루고, 트위터 공간으로 가면 더 전문적인 온체인 데이터 분석가들의 친절한 분석을 접할 수 있습니다.

2021년 8월 이후 잊을만 하면 한 번씩 기사를 통해서 접할 수 있는 온체인 데이터 가운데 하나는 이더리움 소각량입니다. 이더리움의 소각량이 주는 의미는 그만큼 ETH가 사라지고 있다는 것이어서 이더리움 가치를 증대시키는 요인으로 해석할 수 있는 부분입니다. 이더리움 소각은 2021년 8월 5일 런던 하드포크가 단행되면서 시작된 이슈인데, 이와 관련해서는 이더리움 분석 파트에서 집중적으로 살펴보겠습니다. 소각이 이뤄진다는 것이 태워 없앤다는 의미이고, 이더리움의 수량이 줄어들기 때문에 가치가 높아질 수 있는 것으로 해석할 수 있습니다. 이런 의미와 포인트를 직접 찍어낼 수 있으면 가장 좋고, 그게 아니라면 유명 분석가들의 분석이나 보도된 기사를 통해서라도 의미를 살펴보고 숙지하는 것이 필요합니다.

2021년 7월 21일 크립토퀀트는 당시 비트코인이 하락장에 있지 않고 축적의 시기로 봐야 한다면서 온체인 데이터 분석 결과를 공개했습니다.

당시 크립토퀀트는 비트코인 MVRV 비율이 2017년 최고치였던 2만 달러 이후 충분히 하락하지 않아서 아직 약세장이 도래하지 않았다고 분석했습니다. MVRV는 암호화폐가 블록체인에서 이동한 시점에서 보여진 가격의 평균과 현재 시가 총액의 비율을 나타내는데, MVRV가 높다는 것은 비트코인의 현재 거래 가격이 투자자들에게 체감되는 가격보다 높다는 것을 의미합니다.

크립토퀀트 측은 당시 범위인 3만 달러에서 MVRV는 2020년 9월 이후 수준에 도달했다면서, 지난 주기에서는 동일한 수준의 구매가 2017년 1월에서 3월 사이에 나타났다고 분석했습니다. 그러면서 "바닥에서 팔지 않고 바닥에서 축적해야 한다. 단기 데이터는 이런 좋은 기회의 가능성을 보여주고 있다"라고 덧붙였습니다. 그래서 크립토퀀트는 현재의 하락이 비트코인의 약세 시장을 의미한다기보다 2020년 9월이나 2017년 수준에서 매수할 수 있는 타임이라고 분석하는 것으로 볼 수 있습니다.

온체인 데이터는 이런 것들입니다. 너무 종류가 많아서 일일이 다 짚어볼 수도 없고, 그걸 다 숙지할 필요도 없습니다. 다만, 온체인 데이터에 대한 분석과 기사 내용 등은 가급적이면 숙지하면 좋습니다. 그 이유는 앞선 몇 가지 예시를 통해서 충분히 이해하셨을 것이라고 생각합니다.

1부에서는 암호화폐 투자에 있어서 가장 기본적으로 일컬어지는 부분들 10가지를 살펴봤습니다. 여기에서는 투자자의 기본 자세에 대한 이야기였다면 2부에서는 요즘 가장 주목받는 암호화폐 프로젝트 20가지를 선정해서 어떤 프로젝트이고 어떤 점을 중심으로 바라봐야 하는지 등을 살펴보겠습니다. 종목 선정은 제 개인 주관에 따른 것이기 때문에 바라보는 관점에 따라서 더 중요한 종목이 빠져 있을 수도 있고 덜 중요한 종목이 포함됐을 수도 있습니다. 다만, 대체로 중요성이 인정된 종목들로 볼 수 있기 때문에 꼭 투자 계획이 없더라도 한 번쯤은 정리해 볼만한 가치가 있는 프로젝트들입니다. 지금 이 시대의 암호화폐와 블록체인 기술의 방향성과 트렌드가 담겨 있기 때문입니다.

2부

프로젝트 체크 포인트 20가지

세상에는 참 많은 블록체인, 암호화폐 프로젝트가 지금 현재 돌아가고 있습니다. 나름의 비전과 로드맵을 제시해서 블록체인 세상 위에서 가동되는 새로운 미래를 만들어가고 있는 것입니다.

2021년 10월 기준 코인마켓캡에 등재돼 있는 암호화폐 수가 1만2천개가 넘습니다. 비트코인과 이더리움처럼 암호화폐 투자에 관심이 없는 사람도 이름 들으면 아는 대형 1세대 프로젝트들이 있는 반면, 도무지 무슨 비전을 가지고 진행이 되고 있는 것인지, 실체는 있는 것인지가 불분명한 코인들도 적지 않습니다.

어떤 암호화폐가 어떤 목적과 비전을 가지고 지금 어떤 부분에 집중하고 있는지를 꼭 알아야 할 필요가 있을까요? 단순히 단기적인 시세 차익이 목적이라면 굳이 시간과 노력을 들여서 알 필요는 없을 것 같습니다. 이건 주식시장이든 암호화폐 시장이든 마찬가지입니다.

하지만, 장기적으로 프로젝트의 비전을 응원하고 투자하는 목적, 그러니까 투자자의 관점으로 접근하는 것이라면 해당 프로젝트의 펀더멘털에 대한 체크는 반드시 필요하다고 생각합니다. 주식 투자를 할 때 단순히 '오를 것 같아서'라는 마음으로 접근하면 대체로 투자에 실패를 하고 손해를 볼 가능성이 높습니다. 그래서, 해당 기업이 어떤 회사이고, 연간 매출액은 어떻게 되는지, 주가수익률은 어떤 흐름을 보이고 있는지 등을 체크하는 것은 기본 중의 기본으로 꼽힙니다. 기업분석을 제대로 체크하고 투자를 진행했는지 여부는 가치 투자의 기본으로 제시되기도 합니다. 기업의 성장과 비전에 나의 자산을 투자하고, 기업의 성장에 따라서 나의 자산도 증대되는 선순환의 구조를 만들기 위한 것이 다름 아닌 투자의 목적이기 때문입니다.

암호화폐 시장에서도 주식 투자 전에 사전에 진행되는 기업분석과 같은 프로젝트 분석이 선행되어야 한다고 저는 생각합니다. 물론, 이건 중장기 투자 목적을 가진 경우에 해당합니다. 단기적으로 시세 흐름에 따라서 매매를 하는 경우에는 알면 좋지만, 굳이 프로젝트 특징까지 잘 모르더라도 수익을 내는 경우도 적지 않기 때문입니다.

하지만, 중장기적으로 적어도 1년 이상의 시간과 함께 나의 자산을 투입할 예정이라면, 프로젝트 펀더멘털에 대한 분석은 기본 중의 기본입니다. 비트코인이 뭐에 쓰는 코인이고, 이더리움은 왜 그렇게 인기가 많은 것이고, 리플은 왜 평가는 좋은데 시세는 기대만큼 오르지 못하는지, 적어도 내가 관심을 가지고 투자를 하려는 프로젝트에 대해서는 최소한의 인식은 가져야 한다는 것입니다.

1부에서 암호화폐 투자와 관련해서 가져야 할 가장 기본적인 것들에 대해서 이야기를 나눴다면, 2부에서는 블록체인 기술을 기반으로 세상의 혁신을 추구하는 암호화폐 프로젝트들 가운데 가장 상징적이거나 최근 많은 관심을 받았던 프로젝트들을 중심으로 핵심 펀더멘털적인 내용을 분석해 보도록 하겠습니다.

01

비트코인

비트코인은 자타공인 세계 1등 암호화폐 프로젝트입니다. 블록체인 기술을 기반으로 만들어진 최초의 암호화폐입니다. '최초'라는 상징성은 비트코인의 여러 기술적인 단점에도 불구하고 비트코인을 1등 코인으로 자리잡게 하는데 결정적인 역할을 했다고 볼 수 있습니다. 통상 비트코인에 투자를 한다라는 말이, 비트코인 자체에 투자를 한다는 것과 동시에 암호화폐 시장에 투자를 한다는 의미로도 사용될 정도로 비트코인이 암호화폐 시장과 블록체인 혁신과 관련해서 가지고 있는 상징적 의미는 크다고 할 수 있습니다.

• 베이직 체크포인트

비트코인의 화폐 단위는 BTC입니다. 거래소에서 비트코인 1개를 매매할 때 1 Bitocin이라고 표현하지 않고, 1 BTC라고 표현합니다. 비트코인을 처음만든 사람은 사토시 나카모토입니다. 2009년 1월 사토시 나카모토라는 가명을 사용하는 인물이 C++ 언어로 개발했고, 작업증명(PoW) 방식으로 채굴합니다.

① 비트코인 창시자, 사토시 나카모토

사토시 나카모토는 비트코인을 창시한 인물이지만 정확히 누구인지에 대해서는 알려진 바가 없습니다. 비트코인을 창시했고, 블록체인 기술을 만든 최초의 인물이라는 어마어마한 업적을 세운 인물이지만 정작 누구인지는 모르는 것입니다.

누구인지 신원이 정확히 확인되지 않은 이 인물이 대체 누구인지를 궁금해하는 것은 암호화폐 관련 업계에서는 때때로 꽤 큰 화두가 되기도 합니다. 탈중앙화와 투명성을 가치를 내걸면서 최초의 가상화폐를 만든 인물이니, '내가 사토시 나카모토라는 대단한 인물이다'라고 말하고 싶었던 인물이 잊을만 하면 한번씩 등장했습니다.

현재 사토시 나카모토를 추정할 수 있는 정보는 한 가지 밖에 남아 있는게 없습니다. 바로 2009년 개인 간 거래인 P2P 기술 커뮤니티 P2P재단 사이트에 비트코인을 소개하면서 사용한 그의 계정뿐입니다. 당시 P2P 재단 프로필을 보면 사토시 나카모토는 1975년 4월 5일 일본에서 태어나 살고 있는 남자라고 적혀 있는데, 이것조차 진위 여부는 확인되지 않았습니다.

대체 이 사람이 누구인지 그동안 수많은 추측들이 존재해 왔습니다. 사토시 나카모토가 매끄러운 영국식 영어를 사용했고, 때로는 미국식 표현도 섞여 있었다는 점에서 한 사람이 아니라, 집단으로 추정되기도 하고, 일본인이 아니라 미국과 유럽에 거주하고 있는 암호학자 또는 컴퓨터 사이언티스트일 것이라는 추측이 나오기도 했습니다. 하도 추측성 정보들이 많아서 어디까지가 그럴 듯한 추측이고 어디까지가 과장이고, 어디까지가 거짓인지 구분하는 것도 불가능한 것 같습니다.

심지어 사토시 나카모토가 4개 글로벌 기업의 이름을 조합한 것이라는 음모론도 존재했습니다. 사(Sa)는 삼성(Samsung)를 의미하고, 토시(tosi)는 토시바(Toshiba), 나카(naka)는 나카미치(nakamichi), 모토(moto)는 모토롤라(Motorola)를 의미한다는 일종의 음모론 내지는 소문도 있었지만, 구체적인 근거가 제시되지는 않았습니다. 정부 권력에 대항하기 위해서 글로벌 기업들이 뭉쳐서 탈중앙화 권력을 만들려는 시도를 했다는 것인데, 재미있게 느껴지기는 하지만, 실체가 없는 음모론 수준으로 받아들여졌습니다.

사토시 나카모토는 암호화폐와 블록체인이라는 엄청난 세계관을 구축하며 관심을 받았지만 2011년 바람처럼 사라져버렸습니다. 암호화폐에 익명성과 신비감을 불어넣은 당사자도 역시 비트코인의 창시자 사토시 나카모토라고 볼 수 있습니다.

사토시 나카모토가 누구인지는 암호화폐 시장에 들어와 있는 사람이라면 누구나 궁금해할 만한 이슈입니다. 하지만, 각국 대통령들의 전화통화 내용까지 마음만 먹으면 잡아 낼 수 있는 미국과 영국, 러시아의 정보당국이 과연 그를 안 찾는 것인지, 못 찾는 것인지는 여전히 의문스러운 부분입니다.

② 사토시 나카모토의 정체가 밝혀진다면?

미국 최대 암호화폐 거래소는 코인베이스입니다. 코인베이스가 상장됐을 때 상당한 주목도를 이끌어 냈던 것은 이런 규모 측면과 더불어서 암호화폐 시장의 서서히 제도권 안으로 들어선다는 측면에서도 바라볼 수 있었기 때문입니다.

그런데, 코인베이스 상장 과정에서 화두로 등장했던 것이 바로 사토시 나카모토의 정체였습니다. 코인베이스가 상장 신청서를 미국 증권거래위원회(SEC)에 제출했을 당시, 신청서에 사토시 나카모토를 사업상 위험 요인으로 적시했기 때문입니다.

코인베이스가 제출한 신청서를 보면, 나카모토는 모두 100만개 넘는 비트코인은 소유하고 있는 것으로 알려져 있습니다. 코인베이스는 자체 분석 보고서를 통해서 만약 사토시 나카모토의 신원이 밝혀질 경우 회사 운영에 부정적인 영향을 미칠 수 있는 리스크 요인으로 지적했습니다.

채굴가능한 비트코인의 수는 2100만개로 정해져 있는 상황에서 만약 사토시 나카모토가 가지고 있는 비트코인을 팔기 시작할 경우, 비트코인 시장 전체에 큰 영향을 미칠 수 있다는 것이 핵심입니다. 전체 비트코인 시장의 5%를 나카모토가 소유하고 있다는 점에서 그가 누구인지, 그의 비트코인은 어떻게 됐는지는 그래서 단순한 호기심 이상의 이슈로 다뤄지기도 합니다.

당시 미국의 경제전문매체 비즈니스 인사이더는 만약 사토시 나카모토의 신원이 밝혀질 경우 발생할 수 있는 파장도 시장의 변수가 될 것이라고 분석하기도 했습니다. 비트코인 자체가 블록체인 기술을 통해 어떤 정부나 기관, 개인에게 종속되지 않는 탈중앙화를 핵심 컨셉으로 가지고 있는데, 사토시 나카모토의 신원이 공개될 경우 한 개인의 영향력 아래에 있게 되는 결과로 이어질 수 있기 때문입니다. 익명성이 가지고 있는 상징성은 암호화폐 시장에서 꽤 무거운 의미라는 점을 느낄 수 있는 부분입니다.

③ 비트코인 채굴, 작업증명 방식 (PoW)

비트코인을 이야기할 때 늘상 따라붙은 개념 가운데 하나는 채굴, 미이닝입니다. 암호화폐 거래 내역을 기록한 블록을 생성하고 그 대가로 암호화폐를 얻는 행위를 의미합니다. 암호화폐는 중앙은행 같은 발행 기관이 없이 거래 내역을 기록한 원장을 네트워크에 분산해서 저장하게 됩니다. 이런 블록체인을 유지하기 위해서 해당 블록을 생성한 사람에게 일정한 보상을 지급하도록 설계돼 있습니다.

비트코인의 경우에는 9분에 한 번씩 새로운 블록이 생성됩니다. 이 블록의 이름을 16진수로 표시한 64자리의 해시(hash)를 찾아내는 사람에게 비트코인을 발행해 지급하는 방식입니다. 이런 행위를 하는 사람을 채굴자 또는 마이너(miner)라고 부릅니다.

비트코인은 최대 발행 갯수가 2100만개로 이미 고정돼 있습니다. 따라서 9분 단위로 블록이 생성될 때마다 얻을 수 있는 비트코인 수는 시간이 지날 수록 점점 줄어들게 설계돼 있습니다. 이때 등장하는 개념이 반감기인데, 비트코인에 대한 채굴 보상은 4년마다 절반으로 줄어들게 되고, 이를 반감기라고 부릅니다. 채굴자들이 얻을 수 있는 비트코인이 줄어든다는 것은 시장에 풀릴 수 있는 비트코인의 수량이 줄어든다는 것을 의미하는 것이기도합니다. 거래소에 비트코인 유통량이 줄어든다는 것은 통상 비트코인 시세를 높이는 부분입니다. 과거 역사적 흐름에서 반감기 이듬해 비트코인 시세가 급등했던 것은 이런 요인때문이었고, 2021년 신고가 경신 역시 반감기 이후의 상황에서 이뤄졌습니다.

발행량이 한정돼 있는데 경쟁적으로 채굴이 이뤄지다 보니, 채굴의 난이도는 크게 올라갔고, 그만큼 성능이 높은 고사양 컴퓨터를 대량으로 동원해 채굴작업이 이뤄지게 됩니다. 즉, 개인이 비트코인을 채굴할 수도 있지만, 통상 기업 형태의 채굴이 일반적입니다. 중국이 비트코인 채굴장을 금지조치할 때 버려지는 컴퓨터의 수량을 보면 상상을 초월할 정도입니다.

채굴 이슈를 이야기할 때 환경 파괴 문제가 등장하는 것은 이렇게 엄청난 컴퓨팅 작업이 이뤄지기 위해서는 많은 전기를 사용해야 하고, 그만큼 친환경적이지 않다는 비판에 직면하기도 했습니다. 2021년 5월 테슬라 비트코인 결제 중단 소식을 발표하면서 CEO 일론 머스크가 비트코인의 반환경성을 지적한 것은 이런 맥락에서 바라볼 수 있습니다.

특히 중국이 강력한 안티 비트코인 정책을 취하고 중국 전역의 채굴장에 대한 대대적인 단속에 나서면서 중국의 채굴자들은 미국과 캐나다 중남미 등으로 자리를 옮겨서 채굴을 진행하고 있습니다. 이 과정에서 여유 물량의 화력이나 원자력 에너지를 활용한 채굴이 이뤄지면서 비트코인 채굴의 환경 이슈는 시간이 지날 수록 조금씩 완화되는 모습을 보이고 있습니다.

채굴을 통해서 블록을 생성하고, 이를 통해 보상으로 암호화폐를 얻는 일련의 채굴 방식을 작업증명(PoW: Proof of Work)라고 부릅니다. 열심히 채굴을 해서 해시값을 구하고, 그렇게 블록을 생성해서 보상을 받는 과정입니다. 비트코인이 성공할 수 있었던 핵심 특징 가운데 하나이지만, 여러 논란의 중심에 서기도 한 것인데, 그 반대적인 의미를 가진 지분증명(PoS: Proof of Stake)입니다. 지분증명은 작업을 하는 것이 아닌 더 많은 코인 지분을 가지고 있을 수록 이것에 비례해서 블록에 기록할 권한을 더 많이 부여하는 방식입니다. 환경 이슈에서는 상대적으로 훨씬 더 자유롭다고 할 수 있습니다.

이더리움은 현재 작업증명 방식에서 지분증명 방식으로 전환하는 일련의 업그레이드 작업을 진행하고 있습니다. 지분증명과 관련한 부분은 이더리움 파트에서 더 집중적으로 살펴보도록 하겠습니다.

• 이슈 체크포인트

우리가 암호화폐 프로젝트에 대한 분석을 하는 것은 이를 통해 과연 투자 가치가 있는지를 살펴보기 위해서입니다. 특히 비트코인의 경우에는 꼭 비트코인에 투자를 하는지 여부와 상관없이 시장 흐름 전반을 좌우하는 대장이기 때문에 암호화폐 시장에 들어와 있는 사람이라면 기본적으로 알고 있어야 하는 종목이기도 합니다. 비트코인 시세가 올라야 다른 알트코인 시세가 오를 수 있고, 비트코인 시세가 빠지면 다른 알트코인들의 시세는 더 크게 빠지기 때문에 비트코인의 방향성, 시세 흐름을 체크하는 것은 기본적인 사항이라고 할 수 있습니다.

2021년 4월 비트코인은 6만4천 달러, 우리돈으로 8천만 원이 넘는 시세를 받으면서 신고가를 경신했습니다. 이후 5월부터 지리한 하락장이 시작되면서 비트코인 시세는 반토막이 났고 10월로 접어들어서야 시세를 회복하는 모습을 보였습니다. 그러다가 6만7천 달러라는 사상 최고치를 다시금 경신해냈습니다.

많은 암호화폐 분석가들이나 비드코인 지지자들은 비트코인이 머지않아 10만 달러 달성과 같은 전폭적인 전망을 잇따라 내놓고 있습니다. 몇 년 안에 20만 달러 이상이 갈 것이라는 등의 낙관론도 계속해서 제시되고 있습니다. 과연 비트코인 시세가 이렇게 크게 올라갈 수 있는지는 현실에서 벌어지지 않는 이상, 알 수가 없습니다. 말 그대로 전망이기 때문입니다. 하지만 객관적으로 돌아가고 있는 상황적 변수를 따져보면 지금보다 시세는 더 오를 여지는 가지고 있다는 것이 일반적인 관점인 것 같습니다.

① 비트코인 총발행량 2100만개

비트코인이 10만 달러 간다, 20만 달러 간다, 이런 전폭적인 전망을 내놓는 가장 기초적인 근거는 희소성입니다. 비트코인의 총 발행량은 2100만개로 정해져 있습니다. 비트코인의 채굴이 마무리 되는 시점은 2032년으로 예상되는데, 발행량은 한정돼 있고, 이미 가치저장 수단으로서의 수요가 입증됐기 때문에 채굴이 마무리되는 시점에 가까워질 수록 비트코인 가격이 오를 수밖에 없다라고, 비트코이너들은 이야기합니다.

수량이 한정돼 있든 무제한이든, 여기서 중요한 것은 시장에 실수요가 존재하느냐 여부입니다. 이미 비트코인은 2021년 10월 기준 전 세계 자산 랭킹 8위에 자리하고 있을 정도로 가치 저장 수단으로서는 인정을 받은 상태입니다. 수요와 공급의 기본 원리 측면에서 수요는 많은데 공급이 한정돼 있다면 가격은 지금보다는 더 오를 여지가 충분히 존재한다는 것입니다.

② 비트코인 기능성 강화

2021년 들어서 새롭게 주목받는 부분은 비트코인의 기능성 강화 이슈입니다. 그동안 비트코인은 느린 거래 속도가 가장 큰 단점으로 거론돼왔습니다. 거래 처리 속도가 느린데 화폐로서 일상 생활에서 사용하는 것은 사실상 의미가 없다는 혹평이 꾸준히 존재해 왔습니다. 세계 최초의 암호화폐라는 엄청난 상징성을 가지고 있지만, '화폐'로서 사용하기에 기능성은 분명한 한계를 가지고 있다는 것이 비판의 핵심이었습니다.

하지만, 2021년 9월 엘살바도르가 비트코인을 법정화폐로 채택하면서 새로운 관점이 제시됐습니다. 엘살바도르 치보 지갑에 라이트닝 네트워크가 적용되면서 일상 생활에서 전폭적으로 사용가능하다는 점이 입증이 된 것입니다. 엘살바도르에서는 비트코인 법정화폐 지정 이후 여러 반대와 논란이 이어졌지만 지금은 국민 절반 정도가 비트코인 치보 지갑을 사용하고 있습니다. 빠른 거래 처리와 제로 수준의 송금 비용이 매력 포인트가 된 상황입니다.

트위터를 통해서도 즉각적인 비트코인 송금이 가능해진 것 역시 비트코인의 실용성과 기능성 강화를 보여주는 대표적인 사례가 됐습니다. 엘살바도르 치보 지갑에 라이트닝 네트워크를 적용하는 아이디어로 혁혁한 공을 세운 스트라이크사가 트위터를 통한 즉각적인 비트코인 송금을 구현해 내면서 하루 글로벌 이용자 2억 명의 트위터 사용자들은 비트코인을 일상적으로 주고 받을 수 있게 됐습니다. 비트코인은 느려서 유틸리티적 성격이 많이 부족하다는 식의 비판은 이제 구문이 된 것으로 볼 수 있습니다.

③ 비트코인 ETF 출시

2021년 하반기로 접어들면서 비트코인 10만 달러 연내 도달 전망을 그럴 듯하고 현실적인 기대감으로 만들고 었던 사안은 단연 미국의 비트코인 ETF 출시입니다. 캐나다와 영국 브라질 등에서는 이미 ETF로 출시돼 시장에서 인기를 끌고 있는데다, 캐나다에서는 비트코인과 이더리움을 혼합한 ETF 상품까지 등장하면서 상품적 다양화까지 이뤄지고 있습니다.

미국 SEC는 그동안 비트코인 ETF 승인을 미뤄오면서 투자자들의 선택권을 억압한다는 비판을 받아왔는데, 2021년 9월로 접어들면서 어떤 이유에서인지 스탠스가 급격하게 바뀌었습니다. 개리 겐슬러 SEC 위원장이 비트코인 선물 ETF에 대한 지지 의사를 밝힌데 이어서 비트코인 보유 기업들로 구성된 볼트 이퀴티의 ETF를 아예 승인해 버리면서 비트코인 선물 ETF 승인은 이제 시간문제로 인식됐고, 그렇게 미국에서도 비트코인 선물 ETF가 정식으로 출시됐습니다.

비트코인 ETF가 출시된다는 것은 비트코인이 정식으로 금융 제도권에 편입된다는 의미이기도 합니다. 주식 시장에서 기업들의 주식처럼 거래를 할 수 있기 때문에 기존에 비트코인의 가장 큰 단점 가운데 하나로 꼽혔던 변동성 이슈가 완화되거나 거의 사라지게 됩니다.

따라서, 큰 변동성을 이유로 주저해 왔던 기관들의 진입이 본격화될 수 있는 전환기적인 계기가 될 수 있는 것이 바로 비트코인 ETF 출시입니다. 특히, 미국의 퇴직연금계좌의 경우 비트코인 ETF 출시와 맞물려서 꽤 의미있는 자금 유입이 기대되는 부분인데, 퇴직연금계좌 규모만 36조 달러, 우리돈으로 4경 3천조 원에 달하는 거액입니다.

또 초고액 자산가의 개인자산을 관리 운용하는 패밀리 오피스 역시 이미 60%가 암호화폐를 매수했거나 투자에 관심이 있다는 점이 공개된 부분도 주목할 만한 부분입니다. 2021년 7월 골드만삭스 설문조사결과를 보면 전 세계 150여개 패밀리 오피스를 대상으로 설문조사를 벌였는데, 설문 참여 패밀리 오피스의 67%는 10억 달러 이상, 22%는 50억 달러 이상의 자산을 관리하고 있습니다.

재미있는 것은 응답자의 15%는 이미 암호화폐를 매수한 상태였고, 나머지 45%도 인플레이션 대비책으로 관심이 있다고 답했습니다. 나머지 관심이 없다고 응답한 패밀리오피스의 경우 가격 변동성과 장기적인 불확실성을 꼽았는데, 이런 이슈들은 비트코인 ETF를 통해서 어느 정도 해소될 수 있다는 점에서 주목할만한 부분입니다.

특히, 비트코인이 2021년 10월 6만7천 달러 신고가를 달성할 수 있었던 결정적인 계기가 비트코인 선물 ETF의 미국 출시였기 때문에, 추후 비트코인 현물 ETF까지 승인이 이뤄질 경우에 퇴직연금과 패밀리 오피스 등의 거대 자금들의 유입을 기대해볼 수 있을 것으로 예상되고 있습니다.

④ 규제 강화 시그널

2021년 암호화폐 시장의 최대 화두는 세계 각국의 규제 강화 이슈였습니다. 중국처럼 아예 전면 금지를 외치면서 때려잡는 방식의 탄압이 진행되면서 암호화폐 시장 전반에 큰 타격을 주기도 한 것은 대표적인 사례입니다.

미국 역시 초반에는 중국과 비슷한 방식의 규제 강화 스탠스를 보여주는 듯했지만, 시간이 지날수록 당근과 채찍을 동시에 구사하면서 산업을 껴안으려는 모습을 보이고 있다는 점에서 규제 방식에 차이를 드러냈습니다.

백악관은 통일된 암호화폐 정책을 마련하겠다는 입장을 밝히면서 백악관에 총괄 책임자를 두는 방안도 논의하고 있다는 점을 내보이기도 했습니다. 중국이 표면적으로 확실하게 암호화폐 죽이기에 나선 모습을 보인 가운데, 미국을 중심으로 채굴자들의 이동이 이뤄졌고 산업을 보호하고 육성해야 한다는 목소리 역시 부쩍 커진 상황에서 제대로 된 규제 기준 없이 유관 기관별로 엇박자를 내온 것에 대한 교통 정리 신호로 해석되기도 했습니다.

특히, 미국의 증권거래위원회(SEC)가 핵심 키를 잡고 산업 규제에 나서다 보니 모든 이슈가 'SEC 규제권 아래 있다' '대부분의 암호화폐는 증권일 수 있다' 이런 방식으로 한정되는 모습을 보였고, 그렇게 업계의 강력한 반발을 불러일으켰습니다. 도대체 어떤 코인이 증권에 해당하고 어떤 코인이 비증권인지를 명확하게 밝히지 않은 채 '증권일 수도 있다'는 방식의 대응을 하다보니 규제권에 대한 신뢰도는 땅에 떨어지는 모습을 보였고 시장에는 혼란만 가중되는 상황이 이어졌습니다. 여기에 미국 상품선물거래위원회 CFTC가 '코인의 60%는 증권이 아니라 상품이다'라고 의회에서 공식적으로 밝히면서 일종의 규제권 다툼 양상이 내보여지기도 했습니다. 정리하면 아직 어떤 기준으로 무엇을, 어떻게 규제할지 정하지도 못한 채, SEC는 '대부분의 코인은 증권일 수 있다' CFTC는 '60%는 상품이다' 이렇게 주장하고 있는 것입니다.

이런 상황에서 미국 연방정부가 핵심 컨트롤타워 구축을 위해 직접나섰다는 소식은 '안정적인 규제' '명확한 규제'에 대한 기대감을 높일 수 있는 신호였고, 비트코인 시장이 더 제도권 가까이에 다가설 수 있다는 의미로도 해석됐습니다. 시장이 안정됐을 때, 더 제도적으로 규제됐을 때 거대한 기관 자금이 유입될 수 있다는 기대감 역시 더 커지는 시점이 되는 것이라는 점에서 중장기적으로는 암호화폐 시장 전반에 있어서 긍정적인 측면으로 해석되고 있습니다.

⑤ 비트코인 법정화폐 추가 채택 이슈

엘살바도르가 첫 스타트를 끊은 비트코인 법정화폐 채택이 추가로 이뤄질 가능성이 꽤 높다는 점 역시 비트코인의 장기적인 시세 전망을 밝게 만들어주는 부분입니다. 최근 암호화폐 거래소 비트맥스 CEO 알렉산더 호프너는 2022년까지 최소 5개 국가가 비트코인을 법정화폐로 채택할 것이라는 전폭적인 전망을 내놓기도 했습니다. 이게 단순한 주장이나 헛소리로 치부하기 어려운 것은 나름의 근거가 될 만한 분명한 상황들이 존재하기 때문입니다.

먼저, 해외 송금이 빈번한 개발도상국의 경우에는 비트코인 송금이 커다란 매력포인트가 될 수 있습니다. 세계은행 데이터를 보면 2020년 전 세계 송금액의 75%인 5400억 달러가 국민소득이 중간 이하인 나라로 송금됐습니다. 송금 수수료 이슈는 늘상 문제점으로 지목됐고 실제 송금액을 낮추는 장애물로 인식돼 왔습니다.

CNBC는 엘살바도르의 비트코인 송금으로 기존 금융 기관이 입게 되는 송금 수수료 손실이 송금액의 40%에 달한다고 보도하기도 했는데, 엘살바도르가 지난해 송금받은 60억 달러를 비트코인 송금으로 하게 되면 송금 수수료만 2억4천만 달러를 절약할 수 있게 됩니다. 개발도상국일 수록 비트코인 법정화폐 이슈는 더 매력적으로 느낄 수 있는 환경이 존재하는 것입니다.

또 하나는 개도국의 높은 인플레이션 이슈입니다. IMF는 올해 개도국의 물가상승률이 선진국의 두배 이상일 것으로 전망했는데, 그만큼 개도국 입장에서 인플레이션은 심각한 문제이고, 인플레이션 헷지 수단으로 거론되는 비트코인에 관심을 갖게 되는 것은 상당히 논리적인 전개라고 할 수 있습니다. 볼리비아의 경우에는 최근 화폐단위에서 0을 여섯개 없애는 나름의 화폐 개혁을 단행했는데, 그만큼 화폐 자체의 가치가 없어진 상황을 단적으로 보여줍니다.

비트코인이 실제로 연내 10만 달러에 도달할지, 언젠가 몇십만 달러에 도달하게 될지 여부는 아무도 알지 못합니다. 다만, 과거부터 이어져온 역사적 흐름이 담겨있는 차트, 시대적인 상황과 인식의 변화 이런 것들을 종합해서 바라볼 때 비트코인은 이미 사라질 수 없는 시장이 된 것은 분명해 보입니다.

여기에 비트코인이 가진 희소성과 기술력 증대 등 자체적인 특성까지 더해지면서 비트코인이 지금보다는 더 시세가 오를 여지가 있다는 점에서는 큰 이견이 없는 모습입니다. 다만, 완벽하게 제도적인 시스템의 영역으로 들어서기 전까지는 변동성 이슈는 항상 따라다닐 수밖에 없는 것이기 때문에 이 부분에 대해서는 늘 염두에 두고 투자 대응에 나설 필요가 있어보입니다.

02

이더리움

비트코인을 제외한 모든 코인들은 알트 코인입니다. 얼터너티브 코인(Alternative coin)을 줄여서 알트 코인이라고 하는데, 이더리움이 바로 알트코인의 대장입니다. 전체 암호화폐 시장에서 가장 사이즈가 큰 것이 비트코인이라면 2번째 규모가 이더리움으로, 알트코인 가운데에서는 이더리움이 1위인 셈입니다. 그래서 보통 비트코인을 '코인시장의 대장', 이더리움을 '알트코인 대장'이라고 부르기도 합니다.

• 베이직 체크포인트

① '이더리움 창시자' 비탈릭 부테린, 그는 외계인?

이더리움이 비트코인의 뒤를 잇는 넘버 2가 될 수 있었던 이유, 종종 머지 않아 비트코인을 뛰어넘을 것이라는 전망이 나오는 이유, 그건 다름 아닌 스마트 컨트랙트 기능을 탑재한 최초의 블록체인 프로젝트이기 때문입니다.

계약 당사자가 사전에 협의한 내용을 미리 프로그래밍해서 전자계약 문서 안에 넣어두고, 여기에 있는 계약 조건이 충족되면 자동으로 계약이 이뤄지도록 설계된 시스템을 의미합니다. 거래를 하는 당사자들의 P2P 거래가 블록체인 위에서 이뤄지는 것입니다. 예를 들면 개인들 사이에 돈을 송금해서 주고받을 때 지금까지는 은행이라는 중간 에이전시를 거쳐야 했지만, 블록체인 기반의 스마트 컨트랙트를 통해서 개인들 끼리 송금을 주고 받을 수 있게 된 것입니다. 이게 바로 요즘 핫하게 떠오르고 있는 탈중앙화 금융, 디파이(Defi)의 개념이고 이걸 창안한 인물이 바로 비탈릭 부테린입니다. 그게 그의 나이 19살 때였습니다. 외계에서 온 천재라는 표현이 나올 법한 부분입니다.

비탈릭 부테린은 1994년 1월 31일 러시아에서 태어났습니다. 아직 서른 살도 되지 않은 나이에 이더리움을 통해 전 세계 블록체인 혁신의 선두 주자로 자리하게 된 셈입니다. 비탈릭 부테린은 어렸을 때부터 보통의 아이들과는 사뭇 달랐던 것 같습니다. 러시아 모스크바에서 태어났지만 6살에 캐나다로 이민을 갔습니다. 그는 이미 10살 때부터 수학과 프로그래밍, 경제학 등에 재능을 보였다고 합니다. 특히, 게임을 만들기 위해 코딩을 독학으로 익히고, 러시아어 중국어 영어 등 5개국어를 모국어 수준으로 구사하면서, 여러모로 천재적 재능을 어린 시절부터 보였습니다.

비탈릭 부테린이 중앙화 시스템의 문제를 깨닫게 된 계기가 또 재미있습니다. 그는 2007년부터 2010년까지 블리자드 엔터테인먼트의 '월드 오브 워크래프트'에 빠져서 지냈는데, 어느날 블리자드가 비탈릭 부테린이 아끼던 캐릭터의 기능을 일방적으로 없애버리자, 이걸 계기로 중앙화된 서비스의 문제점에 대해서 고민을 하게 됐다고 합니다. 그러다 2011년 컴퓨터 사이언티스트인 아버지로부터 비트코인에 대해 처음 이야기를 듣게 됐고, 이때부터 비트코인에 대해서 열성적으로 빠져듭니다.

재미있는 것은 비탈릭 부테린이 처음부터 암호화폐 프로젝트 개발에 나섰던 게 아니라는 데 있습니다. 비트코인을 공부하는 과정에서 커뮤니티를 통해 조금씩 존재를 알려갔고, 블로그 기고글을 제안받은 것을 시작으로 일종의 외부 기고가의 역할을 하게 됩니다. 아마도 당시에 꽤 이름을 날렸나 봅니다. 비트코인을 처음 알게 된 지 7개월 뒤에 비트코인 사업가인 미하이 알리지에의 제안을 받고 함께 '비트코인 매거진'을 공동설립했습니다. 맞습니다. 우리가 알고 있는 비트코인과 암호화폐 전문 뉴스 미디어 플랫폼 '비트코인 매거진'을 만든 게 비탈릭 부테린이었고, 이후 2015년에 BTC미디어가 인수해 지금의 형태를 갖추게 됐습니다.

그 시기 부테린은 자신의 모든 수입을 비트코인으로 받았는데, 비트코인 시세가 오르고, 사람들의 관심이 높아지면서 점점 더 이더리움의 창시라는 일생일대의 전환점을 향해 다가서게 됩니다. 여기서 그의 천재성이 드러나는 것은 블록체인이 화폐 이상의 기능, 더 넓은 확장성을 가지게 될 것이라는 아이디어를 착상하게 됐다는 데 있습니다. 우리가 요즘 흔하게 말하는 스마트컨트랙트, 디파이, NFT 등은 모두 비탈릭 부테린의 이같은 아이디어 발상이 있었기 때문에 구현될 수 있었습니다.

이 지점에서 더 놀라운 것은 비탈릭 부테린이 이더리움 백서를 썼을 때, 그렇게 암호화폐 커뮤니티 관련 인사들을 모두 놀라게 만들었을 때가 고작 19살 때였다는 점입니다. 이때 부테린의 이런 아이디어에 매료됐던 인물 가운데 한명이 바로 에이다의 창시자 찰스 호스킨슨입니다.

비탈릭 부테린의 자전적인 이야기를 세부적으로 알 필요는 없을 것 같습니다. 다만, 지금의 블록체인 세상이 열리게 된 것이 당시 19살 소년의 발상 덕분이었고, 지금의 이더리움이 있게끔 가능하게 한 존재가 부테린이며, 앞으로의 이더리움의 발전 방향을 가능하게 해주는 존재 역시 부테린이라는 점은 이더리움 프로젝트를 이해하는 데 적잖은 이해 포인트가 될 수 있을 것이라고 생각합니다.

② 작업증명 (PoW:Proof of Stake) ⇨ 지분증명 (PoS:Proof of Stake)

비드고인 분석을 해보면서 우리는 작업증명이 뭐고, 이게 어떤 문제가 있고, 그래서 어떤 이슈들이 벌어졌는지 등을 짚어봤습니다. 작업증명과 더불어서 전체 블록체인 프로젝트를 이해하는 과정에서 꼭 알고 있어야 할 개념 가운데 하나는 단연 지분증명입니다. 작업증명과 지분증명은 새로운 블록을 형성하게 인증을 하고, 네트워크를 관리하게 만드는 가장 유명한 방식이기 때문입니다. 굳이 이더리움 분석에서 지분증명을 언급하는 것은 이더리움이 작업증명 방식에서 지분증명 방식으로의 전환을 이어가고 있는 상황이기 때문입니다.

작업증명은 채굴을 해야 합니다. 채굴을 통해 더 많은 더 많은 코인을 가져야 내가 더 많은 지분을 가질 수 있기 때문에 열심히 채굴을 해야 합니다. 여기서의 권한이란 블록에 데이터를 추가할 수 있는 권한을 의미합니다. 최근 작업증명 방식이 여기저기서 비판을 받았던 것은 채굴 과정에서 막대한 전기 에너지를 사용하다보니 탄소배출량이 크다는 점 때문이었습니다.

반면, 지분증명의 경우에는 자신이 가진 코인의 보유량에 비례해 코인을 배분받기 때문에 물리적인 채굴의 과정이 필요없습니다. 쉽게 말하면 지분이 많을수록, 권한이 커지는 것입니다. 내가 가진 코인의 양에 따라서 권한을 갖고, 영향력을 행사할 수 있다는 점에서 상당히 자본주의적인 방식을 반영한 형태입니다.

이렇게 지분을 늘리기 위해서는 거래소나 개인으로부터 매수를 하면 되기 때문에 지분증명이 가지고 있는 환경파괴 이슈로부터는 완전히 자유로울 수 있게 됩니다. 최근에는 에이다가 지분증명의 선두로 평가받는 경우가 있는데, 이더리움이 지분증명 방식으로 전환을 하고 있는 과정이기 때문에 이런 방식을 놓고 이더리움과 에이다의 경쟁구도는 더 짙어지게 될 것으로 볼 수 있습니다. 이더리움의 지분증명 전환을 이야기할 때 이더리움2.0 스테이킹의 개념도 꼭 알아야 하는데, 그건 이슈 체크포인트 부문에서 별도 꼭지로 살펴보도록 하겠습니다.

• 이슈 체크포인트

① 이더리움 소각, 런던 하드포크

2021년 이더리움에 대한 관심도를 높인 이슈로 런던 하드포크를 빼놓을 수 없습니다. 단기적으로 이더리움의 상승 동력에 날개를 달아준 것일 뿐만 아니라, 장기적으로 이더리움의 희소성과 가치를 크게 올릴 수 밖에 없는 이슈이기 때문입니다.

원래 이더리움은 발행량이 사실상 무제한이라는 특징을 가졌습니다. 비트코인처럼 2100만개로 발행 수량이 정해져 있는 것이 아니라, 채굴을 하면 계속 얻어낼 수 있었던 것입니다. 수량이 무한대라는 것은 희소성이라는 가치가 사실상 없는 것이기 때문에, 이더리움의 가치가 올라가는

데 유리천장으로 작용할 수밖에 없는 부분으로 지목되곤 했습니다.

비탈릭 부테린의 전재성은 이 부분에서 다시금 빛을 냈다고 할 수 있습니다. 세상에 존재하는 이더리움을 자연스럽게 없애버리는 소각 과정을 거치게끔 시스템을 새롭게 설계를 했던 것입니다. 이러한 소각이 가능하게 된 것이 이른바 이더리움 런던 하드포크입니다. 이더리움의 고질적인 난섬으로 지목됐던 비싼 수수료를 줄이고, 수수료 가운데 일부를 소각시키는 것입니다. 수수료를 줄이면서 사용자 친화성을 강화한 것이고, 수수료 일부를 소각시키면서 자산의 가치를 높일 수 있게 된 것으로도 볼 수 있습니다.

런던 하드포크는 2021년 8월 5일 출시됐는데, 두 달 정도 지난 10월 13일까지 이더리움 52만개 가까이가 소각됐습니다. 당시 이더리움이 우리돈으로 4백20만원대에 거래됐던 것을 적용해 보면 무려 2조 천억 원 규모의 이더리움이 2달 동안 사라지게 된 것입니다. 희소성을 키워가면서 교환 수단이 아닌 가치저장 수단으로서의 특성을 더욱더 강화해 결국 비트코인의 자리를 넘보겠다는 나름의 전략적인 접근으로 해석할 수도 있습니다.

② 이더리움의 새로운 도약, 이더리움2.0

이렇게, 이더리움의 가치 증대의 계기를 만든 런던 하드포크는 이더리움 2.0으로 가는 과정의 일환입니다. 이더리움 2.0은 기존의 작업증명 방식에서 지분증명방식으로의 전환해 과도한 에너지 소비를 막는 것을 뼈대로 하고 있습니다. 여기에 높은 거래 수수료와 느린 처리 속도 등 기존의 문제점을 해결하는 것을 목표로 합니다.

이번 런던 하드포크가 거래 수수료 이슈와 소각 이슈에 초점이 맞춰졌다면, 이제 다음은 이더리움 2.0의 결정적인 핵심이라고 할 수 있는 지분증명 전환이라고 할 수 있습니다. 앞서 짚어봤듯이 PoW방식은 더 많은 컴퓨팅 작업을 한 채굴자에게 블록 생성 권한을 줍니다. 경쟁적으로 전력을 쓸 수밖에 없는 방식이고, 비트코인의 에너지 이슈는 PoW 방식에서 기인한다고 할 수 있습니다. 하지만, PoS 방식으로 전환을 하게 되면 일정 지분을 미리 예치한 채굴자가 그 권한을 행사하게 됩니다. 이더리움 재단은 또 이더리움이 PoS 방식으로 전환을 하면 기존 대비 전력 소비를 99.95% 줄일 수 있다라고 설명하고 있습니다.

이더리움이 이렇게 작업증명 방식으로 전환을 하는 것은 기존의 PoW와 이미 구현된 PoS가 합쳐지는 방식으로 이뤄질 예정입니다. 이더리움의 PoS 방식을 구현한 네트워크 비콘체인은 2020년 12월 론칭이 됐고, 늦어도 내년까지 이더리움 메인 네트워크와 합쳐질 예정입니다. 이렇게 되면 이더리움 메인 네트워크에서 PoS가 구현되면서 이더리움의 기존의 채굴과는 더 이상 상관없는 플랫폼이 됩니다.

이더리움 2.0 업그레이스 진척 상황과 관련해 비탈릭 부테린은 "런던 하드포크를 성공적으로 도입하면서 이더리움과 이더리움 2.0 병합에 대한 자신감이 생겼다"라고 밝히기도 했습니다. 여러모로 이더리움 주변에는 호재성 상황이 펼쳐져 있는 것으로도 보여집니다.

③ 이더리움2.0의 중간다리, 머지(Merge)

기존의 것과 새것을 연결시키기 위해서는 중간에서 다리 역할을 해주는 무언가가 존재해야 합니다. 그래서 등장하는 것이 이더리움 머지

(Merge) 프로젝트입니다. 이더리움 머지는 2021년 10월 데브넷에서 활성화되면서 주목을 받았습니다. 데브넷은 일종의 테스트 개발 키트인데, 프로그램의 정식 출시에 앞서 데브넷에서 개발과 테스트를 진행하면서 완성도를 높이는 과정이 진행됩니다.

이더리움 머지는 이더리움의 작업증명을 지분증명으로 연결시키는 프로젝트입니다. 최근 중국 개발자가 판다그림을 통해 이더리움 머지를 표현하기도 했는데, 검은색 판다가 기존의 이더리움, 흰색 판다가 이더리움 2.0입니다. 이걸 연결해주는 머지를 통해서 검은색과 흰색이 조합된 업그레이드된 이더리움이 탄생한다는 의미를 담고 있습니다.

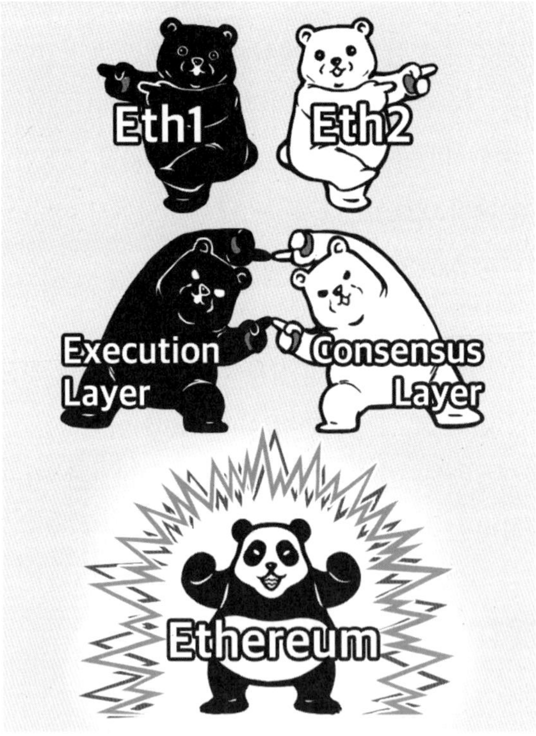

출처 : 인터넷 커뮤니티

좀 더 기술적인 용어로 표현하면 기존 이더리움은 실행계층, 익스큐션 레이어의 역할을 이더2.0은 합의계층, 컨센서스 레이어의 역할을 하게 되는데, 서로 다른 역할을 하는 것들을 하나로 묶는 과정이 이더리움 머지의 역할인 것입니다.

④ 이더리움 2.0, 확장성의 끝은 어디?

이더리움2.0은 이렇게 작업증명 방식에서 지분증명 방식으로 전환하면서 기본적인 DNA를 바꾸게 되지만, 여기서 한발 더 나아갑니다. 바로 더 많은 애플리케이션 앱들이 이더리움 플랫폼 위에서 가동될 수 있게 하면서 생태계를 확장하고, 그렇게 더 많은 사람들이 이더리움 기반의 프로젝트에 참여하게 만드는 것입니다. 이더리움의 확장성 이슈입니다.

수많은 블록체인 프로젝트들이 가동이 되는 상황에서 많은 개발자들이 이더리움 플랫폼 위에서 애플리케이션을 개발하고, 많은 사람들이 그것들을 사용하게 하기 위해서는 그만한 장점이 있어야 합니다. 이왕이면 속도도 빠르고 이왕이면 저렴하게 이용할 수 있다면 사용자도 개발자도 모두 만족도를 높일 수 있을 것입니다.

하지만, 이더리움은 고질적으로 느린 거래 속도와 비싼 수수료 이슈에서 벗어나질 못해 왔습니다. 원래 런던 하드 포크를 통해 이더리움 수수료는 줄어드는 것이 시스템적으로는 논리적이라고 볼 수 있는데, 하필 그 시기에 이더리움 기반의 NFT 마켓에 열풍이 불었고 많은 사람들이 NFT 결제를 하면서 오히려 수수료가 상승하는 진풍경까지 벌어졌습니다.

이걸 해결하기 위해 도입되는 것이 이른바 샤드 체인입니다. 암호화폐 프로젝트를 분석하다보면 낯선 단어들이 많이 등장하는데 사실 개념을 알면 그렇게 어려울 것도 없는 것 같습니다. 이더리움 2.0의 1단계에서는 샤드 체인을 비콘 체인에 연결하는 것이 목표인데, 샤드체인은 데이터를 분산 저장하는 샤딩 기술이 적용된 블록체인입니다. 체인 당 저장하는 데이터 크기를 줄여서 네트워크 정체를 막고 초당 처리 가능한 거래 수를 높이는 것을 목표로 합니다.

네트워크 처리 용량이 늘어나면 자연스럽게 수수료도 안정화 될 것으로 기대되고 있습니다. 이더리움 2.0으로의 업그레이드를 계기로 체질도 바뀌고 동시에 고질적인 단점들을 최소화 시키겠다는 전략적 접근으로도 바라볼 수 있는 부분입니다.

이더리움2.0의 2단계 목표는 64개의 새로운 샤드 체인에 데이터를 분산 저장하는 것이라고 할 수 있는데, 이 단계에서는 이더리움 메인넷도 하나의 샤드 체인으로 자리하게 됩니다.

특히, 이더리움 메인넷 외부에 별도의 블록체인을 두는 레이어2도 속속 도입되고 있는데, 이때 거론되는 것이 롤업입니다. 롤업은 이더리움 진영에서 거론되는 대표적인 수수료 해결책 가운데 하나로, 레이어2에서 많은 거래를 처리하고, 거래 결과만 이더리움 메인넷에 저장하는 방식입니다. 복잡한 거래 처리는 별도의 블록체인에서 한 뒤 결과만 이더리움 메인넷에 남기는 방식이라고 할 수 있습니다. 결국 느린 처리 속도 이슈도 이렇게 해결을 하겠다는 것입니다.

이와 관련해 비탈릭 부테린은 “샤드와 롤업이 각각 50배에서 100배 처리 용량을 끌어올릴 것이다. 2022년 말에는 샤드와 롤업이 도입돼 기업적 수준으로 확장성이 커질 수 있을 것”이라고 밝히기도 했습니다. 그만큼 유틸리티적 성능이 크게 향상될 것으로 기대되는 부분입니다.

⑤ 이더리움 2만 달러 현실화 가능성?

2021년 하반기로 접어들면서 이더리움이 2021년 연말이나 2022년 1분기에 2만 달러 돌파를 이뤄낼 것이라는 전망이 이어졌습니다. 이같은 전망이 나올 때 이더리움은 3천 달러에서 3천500달러를 오르내리고 있을 때였는데, 무려 6배 넘는 시세 상승이 6개월 전후에 일어날 것이라는 전폭적인 전망들이 잇따랐던 것입니다.

물론, 이더리움이든 비트코인이든 진짜 시세가 낙관적인 전망들처럼 이뤄질지 어쩔지는 아무도 알지 못합니다. 다만, 지구상에 있는 블록체인 플랫폼 가운데 가장 다양한 생태계를 구축해 놓은 이더리움이 기존의 단점을 버리고 새롭게 태어난다는 점에서 시세 상승에 대한 기대감도 한층 더 커지고 있는 모습입니다.

여전히 이름뿐인 프로젝트들이 적지 않은 상황에서 세상을 바꾸고 우리의 일상을 혁신하는데 최전선에 서 있는 프로젝트가 바로 이더리움이기 때문에, 어쩌면 이더리움이 펼쳐낼 새로운 시대는 지금껏 바라봤던 것보다 더 전폭적으로 펼쳐질 수도 있지 않을까, 그런 생각이 들기도 합니다.

03

이더리움클래식

처음 이더리움클래식을 접하면, 이게 이더리움의 짝퉁이나 아류작같은 것으로 생각하는 경우도 적지 않습니다. 시바이누 코인을 도지코인의 아류작이라고 말하는 것처럼 이더리움클래식도 뭔지 몰라도 이더리움의 아류작같은 느낌을 이름 그 자체가 풍기기 때문입니다. 하지만, 클래식이라는 단어가 보여주듯이 이더리움클래식은 오히려 '원래의 이더리움'에 해당합니다. 굳이 구분을 하자면, 시가총액 2위 암호화폐 이더리움의 동생이라기보다 형에 더 가까운 것입니다.

이더리움클래식은 세계 최대 암호화폐 자산운용사 그레이스케일 포트폴리오에서도 3번째 비중을 차지하고 있을 정도로 나름의 존재감이 있는 프로젝트이고, 비트코인 선구자이자 디지털커런시그룹의 회장인 배리 실버트가 비트코인 이후 처음으로 매수한 코인으로도 유명합니다. 비트코인이나 이더리움 수준의 시세가 형성되지는 않았지만, 암호화폐 시대 초기부터 꽤 눈에 띄었던 종목으로 생각해 볼 수는 있을 것 같습니다.

그레이스케일같은 거대 자본이 이더리움 클래식에 관심을 갖는 이유는 이더리움 클래식이 아직 제대로 시작도 하지 않은 잠재력을 지니고 있기 때문아닐까 생각됩니다. 가끔 이더리움클래식이 시세를 받을 때 머지않아 100만원 넘어간다는 식의 전폭적인 전망과 분석도 종종 접할 수 있습니다. 사실, 지금 단계에서는 머나먼 이야기 같기도 하고, 다소 비현실적으로 느껴지기도 하지만, 이더리움 클래식의 가능성과 비전을 알게 되면, 어쩌면 아주 머지 않아 현실이 될 수도 있겠다는 생각도 갖게 되는 것 같습니다.

• 베이직 체크포인트

① 이더리움클래식의 탄생과 다오 해킹사건

이더리움 클래식을 이야기할 때는 우선 이더리움과 이더리움 클래식을 분리시킨 다오 해킹 사건을 살펴볼 필요가 있습니다. 다오 해킹 사건은 2016년 6월 누군가 이더리움에 기반을 둔 주요 프로젝트 가운데 하나인 다오 시스템에 코드 오류를 이용해 부당 이득 시도 사건입니다. 해커는 다오 코드의 약점을 이용해서 공격 코드를 삽입해 무려 520억 원 상당의 이더리움을 빼돌리려고 했습니다. 블록체인 자체에는 문제가 없었지만, 다오 프로그램 자체에 취약점이 있었고, 이게 악용이 됐던 것입니다.

다행히 해커들이 노렸던 이더리움은 출금되지 않았습니다. 하지만, 해킹이 발생했다는 사실 하나만으로 이더리움 생태계에는 큰 충격이 올 수밖에 없었고, 당시 이더리움의 시세는 21달러에서 순식간에 13달러로 주저앉았습니다. 이때 개발자들 사이에서는 해킹 당한 부분만 블록체인을 다시 쓰자는 하드포크 방안과 상황에 따라 블록체인의 기록을 변경하는 것은 블록체인의 원칙에 어긋난다며 해킹 결과로 이뤄진 거래도 인정하자는 목소리가 대립하게 됩니다. 블록체인의 기본 철학인 누구도 위조나

변조할 수 없는 신뢰 시스템을 지켜야 한다는 주장이었습니다.

결국 이더리움은 하드포크로 인해 갈라지게 되는데, 해킹당한 기록을 수정한 것이 지금의 이더리움이고, 해킹 기록 그대로를 가진 구형 블록체인에서 계속 채굴을 진행한 것이 지금의 이더리움 클래식입니다. '클래식'이라는 표현이 붙은 것은 '원조, 고전적인'의 의미를 부여주기 위한 명칭으로 볼 수 있는 것입니다. 지금이야 이더리움이 전체 암호화폐 시장 넘버2, 알트코인 대장의 위상을 갖게 되면서 시가총액 수준에서 이더리움클래식이 이더리움에 비교할 수준이 아니지만, 원래 출발점을 봤을 때는 이더리움클래식이 원조이고, 다오해킹 사건으로 원조에서 떨어져 나온 것이 이더리움인 것입니다.

② 이더리움 클래식 vs 이더리움, 공통점? 차이점?

이처럼 이더리움과 이더리움 클래식은 원래는 한뱃속에 있었습니다. 하지만, 다오해킹 사건 이후 서로 독립생활을 시작하면서 지금은 전혀 다른 형태로 진화하고 있습니다. 이름만 비슷할 뿐 세부적으로 보면 특징 자체가 꽤 반대되는 지점에 서 있다는 점을 느낄 수 있습니다.

먼저 이더리움 클래식이 작업증명인 반면 이더리움은 지분증명 방식으로의 변화를 진행하고 있습니다. 발행량의 경우 원래 이더리움클래식에는 발행제한이 없었지만, 다오해킹 사건으로 이더리움과 갈라지게 되면서, 이더리움클래식은 2017년 12월 11일 전반적인 네트워크 업그레이드 방안을 발표하면서 500만 블록마다 새로운 시대로 접어들고, 채굴보상 역시 시대가 바뀔 수록 20%씩 감소하는 정책을 수립했습니다. 이더리움의 경우에도 원래 무제한 발행이었지만, 2021년 8월 5일 런던하드포크를 거치면서, 수수료 일부가 소각되도록 조치하면서 '무제한'이라는 가치로서의 단점을 극복해 낸 상황입니다.

또, 이더리움과 이더리움클래식은 스마트 컨트랙트 등 많은 기능이 호환되지만, 이더리움클래식의 경우에는 기존의 플랫폼을 유지하면서 점진적인 개선과 발전을 추구하는 반면, 이더리움은 새로운 기능을 꾸준히 도입하면서 변화하는 방식을 추구하는 모습입니다. 작업 방식만 놓고 보더라도, 이더리움은 이미 작업증명에서 지분증명으로 넘어가는 과정을 본격화한 반면, 이더리움 클래식은 작업증명 방식을 유지하고 있습니다.

특히, 이더리움의 경우에는 디앱을 비롯해 디파이 금융, NFT 등 다양한 프로젝트의 세계 최대 규모의 생태계를 구축하면서 새로운 신화를 써내려가고 있는 반면, 이더리움클래식은 전통을 지키면서 독자적인 노선을 이어가고 있습니다. 이렇다 보니, 이더리움클래식은 아직 비즈니스 모델 측면에서는 이더리움과 비교할 수 있을 정도의 뚜렷한 결과물을 내놓지 못한 상황이고, 이런 퍼포먼스 측면의 차이는 시장의 관심과 시세 차이로 이어졌다라고 볼 수 있습니다.

③ 배리 실버트의 선택, 이더리움클래식

이더리움 클래식은 암호화폐 업계의 거물 배리 실버트의 눈에 들면서 주목받은 코인이기도 합니다. 배리 실버트는 2016년 자신의 트위터를 통해 "비트코인이 아닌 첫 번째 다른 가상화폐를 샀다. 0.5달러에서 리스크와 보상이 있다는 점을 느꼈고, 냉정하게 탑승했다"라고 밝혔습니다. 배리 실버트는 비트코인이 7달러일 때부터 매수를 한 인물인데, 이더리움클래식의 경우에는 우리 돈으로 500원대에 사들인 것입니다. 배리 실버트의 이러한 관심은 자신이 세운 세계 최대 규모의 암호화폐 자산운용사 그레이스케일 포트폴리오에 고스란히 반영됐습니다. 그레이스케일 포트폴리오를 보면 비트코인과 이더리움을 제외하고 가장 큰 규모의 돈이 이더리움 클래식에 들어가 있는 점을 확인할 수 있습니다. 최근 들어서는 그레이스케일 포트폴리오를 따라서 투자하는 게 그렇게 훌륭한 투자 방식이 아니라는 지적도 존재하지만, 암호화폐 업계의 거물이 상당한 관심을 갖고 있다는 점을 그냥 무시할 부분은 아니지 않나 개인적으로는 생각합니다.

• 이슈 체크포인트

① 이더리움 클래식과 사물인터넷

2021년 3월만 하더라도 이더리움 클래식은 13000원 수준에서 거래가 됐습니다. 그러다 5월로 접어들면서 미친듯한 시세 폭등을 보여주며 20만원까지 급등했습니다. 무려 1400% 시세 폭등을 보여준 것입니다. 이 정도 폭등은 외부 세력이 개입해 시세를 조종한 것인지, 기술적인 발전이 인정받으면서 시세가 올라간 것인지, 뭐가 어느 정도 영향을 미쳤는지 명확히 선을 긋기는 어려울 것 같습니다. 다만, 2021년 7월에 가스비를 절감하는 것을 핵심으로 하는 매그니토 하드포크를 앞둔 상황이어서, 업그레이드 이슈와 시장의 호조세가 맞물리면서 시세 폭등이 이뤄진 것으로 인식되기도 했습니다.

매그니토 하드포크는 네트워크 보안을 강화하고, 사용자가 단일 거래로 접속할 때 가스 비용을 절감하는 것에 초점이 맞춰져 있습니다. 이미

2021년 6월 초에 이더리움 클래식의 모더와 코티 테스트넷에 가동되면서 베타 테스트가 시작된 상황이었고, 매그니토 하드포크는 테스트넷 가동이 끝나면 바로 진행된다는 점에서, 의미있는 호재를 앞둔 시세 상승의 측면에서도 바라볼 수 있을 것 같습니다.

그런데, 사실 이더리움 클래식의 진짜 저력은 이런 단기적인 업그레이드 호재에 있는 것 같지 않아 보입니다. 이런 부분은 2018년 6월 발행된 그레이스케일의 이더리움 클래식 리포트를 통해서 확인할 수 있는데, 키워드는 의외로 사물인터넷, IoT입니다.

사물인터넷은 모든 사물들이 인테넷으로 연결되는 것을 의미하는데, 이미 실현과정에 와 있고, 이제는 확장성에 초점이 맞춰져 있습니다. 냉장고에 식재료가 떨어지면 자동으로 주문을 넣어주거나, 날씨에 따라서 그날 입을 옷을 추천해 주는 것 등이 바로 여기에 해당합니다. 모든 사물을 연결시켜서 일상도, 도시도, 회사도 모두 스마트하게 만들겠다는 것을 목표로 하는데 4차 산업 혁명의 핵심 키워드 가운데 하나입니다. 우리에게 의미가 있는 것은 이 무한 확장성과 가능성을 품고 있는 IoT를 블록체인의 관점에서 실행할 수 있는 존재로 그레이스케일이 지목한 것이 바로 이더리움 클래식이라는 점입니다.

해당 리포트에서 그레이스케일은 2025년 예상되는 경제적인 효과가 무려 3.9조달러에서 11.1조 달러에 달할 것으로 예측하고 있습니다. 이런 IoT가 제대로 구현되기 위해서는 수많은 데이터들이 오가야 하고, 네트워크의 상호 운용성이 중요해질 수밖에 없습니다. 데이터 보안과 네트워크 상호운용성 이슈를 이더리움 클래식이 해결해 줄 수 있을 것으로 그레이스케일은 대놓고 기대감을 밝혔던 것입니다. 그레이스케일은 리포트에서 "우리는 이더리움 클래식이 글로벌 IoT의 기회를 극대화시킬 것으로 믿는다. 즉, 우수한 기능을 갖춘 확장 가능한 기술 플랫폼으로 이더리움 클래식을 바라보고 있다"라고 강조했습니다.

배리 실버트는 비트코인이 디지털 금이라면, 이더리움 클래식은 사물 인터넷을 위한 가스가 될 것이라면서 구체적인 용도에 대해서 언급하기도 했습니다. 또, 비트코인이 디지털 금이라면 디지털 은은 이더리움 클래식이 될 것이라고 밝히기도 했습니다. 이더리움은 가치 저장의 용도라기보다 유틸리티적인 사용성 측면에서 훨씬 더 강점이 있기 때문에 가치 저장에는 한계가 있다는 평이 많습니다.

이더리움 클래식은 2021년 10월 20일 코인마켓캡 기준 시가총액 68억 달러 수준으로 전체 랭킹은 30위입니다. 상반기만 하더라도 시총 규모가 비슷한 수준을 유지하면서도 20위권 안에 이름을 올렸는데, 신규 디파이, NFT 프로젝트들이 시총 상위권으로 치고 올라오면서 다소 뒷걸음친 것으로 볼 수 있습니다. 플립사이드 크립토에서는 A 등급을 받고 있는 종목입니다.

이런 상황들을 종합해 보면, 이더리움 클래식이 곧 100만 원 갈 거라고 주장하는 사람들의 말들이 아예 헛소리로는 들리지는 않는 것 같습니다. 물론, 이더리움 클래식의 시세가 30만 원까지 가는데 엄청 오래 걸릴 수도 있고, 100만 원까지는 가지도 못할 수도 있습니다. 다만, 이더리움 클래식이 지닌 비전적 잠재성은 일반적으로 생각되는 것보다 훨씬 크고, 세상의 변화에 있어서 한 축을 차지할 수도 있다는 점에서 그 가치는 꽤 크다고 볼 수 있습니다. 가스비를 줄이는 업그레이드보다 더 장엄한 비전은 투자자로서 한 번쯤 생각해 볼만한 매력이 아닐까 싶습니다.

04

에이다 카르다노

암호화폐 시장을 좀 볼 줄 안다는 분석가들 사이에서 아직 비교적 시세가 낮다라고 평가받는 코인 리스트에서 빠지지 않는 것이 바로 카르다노, 에이다입니다. 물론, 이건 카르다노 프로젝트가 너무 훌륭하고 에이다 코인이 너무 비전이 좋기 때문일 수도 있습니다. 하지만, 시가총액 규모로 보면 시총 3위의 메이저 코인이자 3세대 블록체인으로서 이렇다 할 결과물이 부족하다는 점은 늘 아쉬운 점을 지적돼 왔습니다. 2021년 9월 알론조 하드포크가 성공적으로 적용되면서, 이제서야 스마트 컨트랙트가 구현될 수 있는 환경이 된 것입니다. 이더리움 플랫폼에서는 이미 꽃을 피우고 있는 스마트 컨트랙트가 카르다노에서는 이제 막 구현이 가능한 상황적 환경이 만들어진 것입니다. 카르다노에 비판적인 사람들은 그래서 '이더리움 킬러'라는 표현이 카르다노에는 어울릴 수 없는 표현이라고 지적하기도 합니다.

• 베이직 체크포인트

① 에이다 카르다노 기본 특징

에이다는 이더리움을 넘어서겠다는 차세대 블록체인 플랫폼을 표방

하고 출범한 카르다노의 암호화폐입니다. 카르다노는 플랫폼을, 에이다는 이 플랫폼에서 사용되는 암호화폐인 셈입니다. 에이다는 암호화를 통해 안전성을 보장하고 더 빠른 직접 전송을 가능하게 합니다. 특히, 다른 암호화폐 플랫폼과는 다르게 사용자에 의도에 따라서 탈중앙화뿐만 아니라 중앙화도 가능한 플랫폼을 제공합니다.

카르다노 플랫폼은 여러 레이어들로 구성되는데, 시스템이 더 쉽게 유지될 수 있는 유연성을 제공하기 때문에 하드포크가 아닌 소프트 포크로 업그레이드가 가능합니다. 카르다노는 퍼블릭 블록체인으로 완전한 오픈 소스이고, 이더리움과 마찬가지로 스마트 컨트랙트 기반의 블록체인입니다.

② 찰스 호스킨슨 vs 비탈릭 부테린

카르다노의 창시자는 이더리움 CEO 출신의 찰스 호스킨슨입니다. 비탈린 부테릭이 쓴 이더리움 백서를 보고 여기에 푹 빠져들게 됐고, 그렇게 이더리움 프로젝트에 동참했습니다. 이더리움의 공동 창업자이면서 이더리움에서 대표를 역임한 나름의 내공을 가진 인물로 볼 수 있습니다.

하지만, 이더리움 프로젝트팀 내에는 이런저런 갈등이 생겨났는데, 창립자 수가 많다는 점은 그만큼 갈등의 가능성을 높였습니다. 한쪽에서는 이더리움을 영리기업으로 만들자는 비즈니스그룹이 형성됐고, 다른 한편에서는 비영리 기업으로 만들자는 그룹이 맞서는 모습이 펼쳐졌습니다. 이더리움은 최종적으로 비영리 기업으로 결정됐고, 비즈니스 그룹을 지지했던 찰스 호스킨슨 등은 이더리움 재단을 떠나게 됩니다. 비즈니스적 감각, 사업적 영역 확장이 언제나 관심사였던 찰스 호스킨슨에게 '비영리 이더리움 재단'은 함께 갈 수 없는 존재였던 것입니다.

이후 찰스 호스킨스는 홍콩에 IOHK 재단을 설립하고 카르다노와 에이다를 창시했습니다. 에이다의 의미있는 비전을 제시하면서 이더리움을 향해 '휠체어에 탄 노인네'라는 표현 등으로 대립각을 세워오기도 했는데, 어쨌든 지금은 지구상에서 이더리움 다음으로 시가총액이 큰 암호화폐 프로젝트가 됐습니다.

③ 에이다 러브레이스, 최초의 프로그래머?

에이다라는 이름은 19세기 영국의 귀족 여성 에이다 러브레이스에서 유래했습니다. 에이다 러브레이스는 인류 역사상 최초의 프로그래머로 평가받는 인물입니다. 최초 프로그래머가 누구냐를 놓고는 어느 정도 논란이 있는 것도 사실이지만, 에이다 러브레이스는 항상 후보군에 이름을 올리곤 합니다. 미국에서 에이다의 이름을 딴 프로그래밍 언어도 만들어졌는데, 그녀가 가진 이런 상징성 때문으로 볼 수 있습니다.

④ 우로보로스 지분증명 알고리즘

카르다노는 우로보로스라는 지분증명 알고리즘을 사용합니다. 우로보로스는 고대 그리스 신화에서 자기 꼬리를 입에 물고 있는 큰 뱀인데, 무한 또는 영원을 나타내는 상징적인 동물입니다. 에이다는 기존의 지분증명 방식의 문제점으로 한 사람이 다수의 코인을 가졌을 때 발생하는 문제점을 극복하는 목적을 가지고 있습니다. 우로보로스는 소수 지분 독점을 막기 위해 블록을 만드는 대표 선출방법인 지분증명 방식에 랜덤성을 추가했습니다. 자격요건을 충족한 대표가 무작위적으로 선정돼 블록을 검증하고 생성하는 방식입니다.

우로보로스

우로보로스는 특히 해시 코드를 사용할 필요가 없기 때문에 채굴 기능이 필요없습니다. 에너지 소비 이슈에서 상대적으로 자유로움을 가진 프로젝트입니다. 일론 머스크가 비트코인의 에너지 이슈를 제기했을 때, 찰스 호스킨슨은 발 빠르게 에이다의 친환경성을 강조했고, 당시 일시적인 시세 상승을 겪기도 했습니다. 친환경 이슈 측면에서는 꽤 강점을 가진 프로젝트라고 할 수 있는 것은 엄연한 팩트에 기반을 하고 있는 주장인 셈입니다.

• 이슈 체크포인트

① 에이다, 느린 개발 속도의 상징?

에이다가 이런저런 시스템적, 비전적 장점을 가지고 있는 것은 분명해 보이지만, 단점을 놓고도 꽤나 비판을 받아왔습니다. 가장 큰 문제점으로 거론됐던 것은 느린 개발속도입니다.

사실 2021년 9월 알론조 하드포크를 통해 스마트 컨트랙트 기능이 도입되기 전까지만해도 카르다노는 지갑에 넣는 것과 스테이킹 받는 것 말고는 증명해야 할 것들이 훨씬 많은 프로젝트로 꼽혔습니다. 비전은 무척 좋은데 실제로 구현된 것, 내놓을 만한 것이 아직 별로 없는 것입니다. 스스로 경쟁자로 지목한 이더리움이 단점 개선을 위해 업데이트에 속도를 내고 있고, 이더리움의 단점을 보완하겠다며 스마트 컨트랙트를 핵심으로 하는 폴카닷, 세상에서 가장 빠른 처리 속도를 자랑하는 솔라나 등의 프로젝트가 상당한 개발 속도를 보여왔다는 점에서 에이다는 그 명성이나 시가총액에는 부합하지 못한다는 지적도 많이 받았습니다.

카르다노는 모두 5단계의 네트워크 업그레이드 로드맵을 제시한 상태입니다. 카르다노는 유명한 학자들과 시인의 이름을 끌어와서 각 단계를 표현했습니다.

1단계	2단계	3단계	4단계	5단계
바이런	쉘리	고겐	바쇼	볼테르

바이런과 쉘리 볼테르는 유럽의 낭만파 시인이고, 고겐은 미국의 컴퓨터 공학자, 바쇼는 일본 하이쿠의 대가입니다. 하지만, 이런 낭만적이고 멋스러운 이름과 달리 카르다노는 아직 갈 길이 훨씬 더 먼 상태입니다.

스마트 컨트랙트 블록체인의 성패는 그 위에서 얼마나 많은 디앱이 가동되느냐인데, 카르다노의 기술과 사업전략은 이런 부분에서는 아직 한참 뒤쳐져 있습니다. 이제 스마트 컨트랙트 구현이 가능해진 만큼, 생태계를 얼마나 풍부하고 다채롭게 조성하느냐의 단계로 접어든 것입니다. 찰스 호스킨스가 '휠체어에 앉아 있는 노인네'라고 비판한 이더리움 위에서 1500개 정도의 디앱이 가동되고 있는 것과 비교해 보면, 이더리움의 경쟁자라는 타이틀이 다소 무색해 보이는 것도 사실입니다.

에이다는 지난해 고겐 업데이트가 진행된 만큼, 지금 바쇼 단계 언저리를 지나고 있다고 볼 수 있습니다. 바쇼 단계는 블록체인 퍼포먼스 향상과 보안, 스케일 향상에 중점을 둔다는 다소 원론적인 비전을 제시하고 있는데, 이것만 보더라도 아직 에이다는 현실보다는 가능성에 더 방점이 찍힌 프로젝트의 냄새가 더 강한 것 같습니다.

② 알론조 하드포크, 스마트컨트랙트 구현

2021년 9월 에이다는 3달러 돌파라는 프로젝트 역사의 한 페이지를 장식할 만한 사건을 경험하게 됩니다. 스마트 컨트랙트를 구현하게 되는 알론조 하드포크를 앞두고 시세가 폭발했고, 이걸 계기로 시가총액 3위에 이름을 올리게 된 것입니다. 알론조 하드포크가 마무리 된 뒤 에이다 카르다노는 공식적으로 새로운 도약을 알렸습니다. 카르다노 개발사 IOHK는 공식 트위터를 통해 우리는 역사적인 전환을 하는 알론조 업그레이드를 실시했다, 카르다노의 새 시대에 오신 것을 환영한다, 이제 시작일 뿐이다, 신나는 시간들이 남아 있다라고 밝혔습니다.

앞서 언급했듯이 그동안 카르다노는 이론은 멋졌지만, 디앱 등의 실체가 없었던 프로젝트였습니다. 그래서 말만 거창하고 개발 속도는 형편없이 느리다는 비판도 존재했던 것이 사실입니다. 말로만 이더리움 경쟁자로 부각시켰을 뿐 실체가 없다는 것이 비판의 핵심이었습니다. 하지만 알론조 하드포크를 통해 본격적으로 스마트 컨트랙트 구현이 가능해지면서 이더리움과의 경쟁 돌입이 가능해진 상황이 조성된 것으로 볼 수 있습니다.

물론 지금의 시장 판도는 디파이와 NFT 등에서 이더리움이 절대적인 강자로 군림해 있습니다. 다만, 여전히 비싼 수수료와 느린 속도는 문제점으로 지적되고 있기 때문에 이런 부분을 카르다노가 기대 이상으로 해결해준다면 나름의 성장 돌파구를 만들 수 있을 가능성도 아예 없는 것은 아니라는 평도 존재합니다.

③ 에이다, 아프리카 스페셜

에이다 프로젝트 개발 속도가 느림에도 불구하고 어쨌든 한 발 한 발 앞으로 나아가고 있는 것도 분명한 사실입니다. 가장 대표적인 것이 2021년 3월 공개된 아프리가 스페셜입니다. 아프리카 스페셜의 핵심은 여러 아프리카 정부와 협력해서 시민들이 블록체인을 활용해 지갑이나 부동산과 연계된 디지털 신분증을 만드는 프로젝트입니다.

특히, 카르다노는 지난 4월 에티오피아 교육부와 파트너십을 체결했다고 발표하면서, 일상 속을 파고드는 블록체인으로서의 가능성을 보여주기도 했습니다. 학생들이 고유 블록체인 아이디를 발급받고, 교육의 전 과정이 담긴 데이터를 블록체인에 기록하고 이를 기반으로 맞춤 교육도 가능하도록 하겠다는 것입니다. 찰스 호스킨슨이 비즈니스 감각이 좋다는 평을 받는 것은 이처럼 에이다의 실체적 결과물이 미비한 상황 속에서도 굉장한 사업적 성과로 연결시킨다는 데 있지않나 생각됩니다.

에이다가 금융 후진국, 화폐 개혁이 필요한 아프리카 등을 대상으로 한 것은 상당히 의미있는 도전으로 평가받고 있습니다. 기존 금융 선진국 등에서는 중앙화된 레거시 진영의 반발이 강한 반면, 모든 것을 새롭게 갈고 닦아야 하는 후진국의 입장에서는 시작의 바닥을 블록체인으로 깔아버리면서, 혁신을 일구고 이 중심에 에이다가 자리할 수 있는 것입니다. 미국 달러 중심의 화폐 패권에 대한 반발 심리가 깔려 있거나 엄청난 인플레이션으로 화폐가 제기능을 하지 못하는 나름의 현실도 반영됐다고 볼 수 있습니다. 이런 그들의 니즈에 에이다가 꽤 괜찮을 것 같은 암호화폐 블록체인 프로젝트로 손을 내민 모습으로 바라볼 수도 있을 것 같습니다.

물론, 에이다가 언제쯤 이더리움의 경쟁자다운, 이더리움 킬러다운 모습을 갖추게 될지 시기적인 예단을 하기는 어렵습니다. 지금까지의 개발 과정만 놓고 봐도 워낙 더디게 진행되는 것 같이 느껴지는 부분이 많았기 때문입니다. 그럼에도 불구하고 열성 마니아 팬층을 형성하고 있는 프로젝트 가운데 하나가 바로 에이다입니다. 많은 사람들이 에이다의 성공을 기대하고 있고 확신하고 있다는 점은 에이다의 투자 가치를 따져볼 때 꽤 의미있는 기준이 될 수 있지 않을까 생각됩니다.

05

리플

미국 SEC와 가열찬 소송전을 벌이는 와중에도 국제 송금 영역에서 굉장한 존재감을 보이면서 생태계 확장에 나서고 있는 것이 바로 리플입니다. 워낙 기술력이 뛰어나고, 이미 전세계 곳곳에서 인정을 받았고, 실제로 XRP를 통한 국제송금이 이뤄진다는 점에서 사실 리플은 대단한 곳이라고 할 수 있습니다. SEC가 뜬금없이 'XRP=증권'이라고 규정하면서 소송을 낸 어려운 상황 속에서도 기술적 혁신을 성공적으로 만들고 적용시키는 모습을 보여줬고, 이 와중에도 상당한 수준의 시세 상승까지 이뤄냈습니다. 특히, 아주 강력한 커뮤니티가 구축돼 있어서 XRP홀더들을 XRP Army라고 부르기도 합니다.

• 베이직 체크포인트

| 리플, 국제 송금의 혁신 |

리플의 XRP는 국제 금융 거래를 위한 인터넷 프로토콜인 '리플 프로토콜'에서 사용되는 디지털 자산이자 기초 화폐입니다. XRP를 매개로 전세계의 화폐를 몇 초 내로 송금할 수 있어 혁신적인 실시간 통화 거래가 가능하다는 점이 장점으로 꼽힙니다.

특히, '리플 프로토콜'이라고 불리는 원장을 기반으로 한 '실시간 총액 결제 시스템(RTS)'으로 국제결제시스템망(SWIFT)을 대체할 새로운 대안으로 주목받고 있습니다. 은행을 통해 해외 송금을 주고 받으려면 며칠이 걸리게 됩니다. 아시아권에서 송금을 주고받아도 하루 이상이 소요됩니다. 물리적으로 가까운 거리라고 할 수 있는 싱가포르에서 한국으로 송금을 하는 경우에도 빠르면 이틀, 늦으면 사흘 정도의 시간이 걸립니다. 하지만, XRP를 통하게 되면 몇 초면 가능해집니다. 수수료도 저렴하다 보니, 송금 혁신을 이뤄낼 수 있는 가능성을 지니고 있습니다.

• 이슈 체크포인트

| XRP는 증권일까? |

이슈 측면에서 리플은 SEC와의 소송이 거의 다라고 해도 과언이 아닐 정도로 리플과 XRP홀더들의 입장에서는 가장 중요한 사건입니다. 소송의 핵심을 아주 간단히 정리하자면 과연 XRP가 증권인지 여부입니다.

SEC의 핵심 주장은 XRP가 증권이라는 겁니다. 이른바 하위 테스트(Howey Test)를 적용해서, XRP가 투자 계약 증권의 성격을 가지고 있다고 판단했습니다. 연방증권법에 따라 XRP를 증권으로 등록해야 했지만, 리플랩스는 이런 등록 절차 없이, 자의적으로 XRP를 발행했다는 겁니다. SEC가 제출한 소장의 내용을 보면, XRP를 왜 증권으로 판단했는지 이런 저런 근거들도 담겨 있습니다.

SEC는 소송을 제기하면서, 투자자들은 XRP의 가치가 상승이, 리플랩스의 성공을 좌우한다는 것을 인식하고 있었다고 주장했습니다. 그러면서, 이런 합리적 기대를 리플랩스가 직접 투자자들에게 심어줬다고 판단했습니다. 투자자를 모집할 때부터, 리플랩스를 비롯한 피고인들이 XRP에 대한 상당하고 의미있는 기업가적 노력을 기울이겠다고 공개적으로 약속했고, 그 결과 대외적으로 투자자 수익이 프로젝트 수익과 연결됐다는 인식이 생겼나는 것입니다.

SEC는 특히, XRP 거래가 활발해질 수록 XRP에 대한 수요가 커지고, 이에 따라서 더 높은 가격에 XRP를 매도할 수 있게 된다는 점을 고려하면, 리플랩스의 XRP 관련 사업 전략이 성공할지 여부가 XRP 보유자들의 수익 발생 여부와 연결된다고 판단했습니다. 이와 함께, 모든 투자자가 가격 인상 효과를 같은 비율로 누리게 된다는 점도, SEC가 XRP 투자자들이 공통의 이해 관계 아래에서, 투자 계약을 맺었다고 판단한 중요 이유 가운데 하나였습니다.

SEC의 소장 내용을 정리해보면, 1930년대 하위 테스트(Howey Test)의 기준에 XRP를 잘 끼어넣었다는 점을 느낄 수 있습니다. 하지만, 여기에는 적잖은 맹점들이 존재합니다. SEC의 주장대로라면 XRP뿐만 아니라 대부분의 암호화폐가 증권에 해당합니다. 이더리움은 물론, 에이다 등 주요 암호화폐들은 모두 미등록 증권이 되는 것입니다. 특히, SEC는 XRP가 유틸리티 토큰으로서 실제 어딘가에 사용됐다고 보기 어렵고, 통화에 해당하지도 않는다고 판단했습니다. 여기서 SEC의 스텝은 한 번 더 꼬이게 됩니다. 이미 아시아 지역의 국제 송금 패권을 리플이 장악했다고 말해도 과언이 아닌 상황이 벌어졌기 때문입니다. 유틸리티 토큰으로서 독보적인 성과를 만들어내고 있는 것이 바로 XRP입니다.

| 하위 테스트가 뭐길래? |

문제가 되고 있는 하위 테스트가 뭔지 간단히 정리를 해보겠습니다. 하위 테스트는 지금까지 SEC가 증권 여부를 판별하는 기준으로 활용해 온 대법원 판례입니다. 주인공인 윌리엄 존 하위는 1946년 플로리다 오렌지 농장 기업 하위 컴퍼니의 소유주입니다. 그는 플로리다의 정치인이면서 부동산 개발자였고, 대규모 오렌지 농장의 소유주였습니다.

하위는 자신이 소유하고 있던 오렌지 농장단지의 절반은 자신이 소유하고, 나머지 절반은 분할해서 일반에게 분양했습니다. 분양 받은 대부분은 농사와 관련없이 투자 목적으로 참여한 개인들이었고, 하위 측은 더 높은 땅값을 받기 위해서 농장 재배 농작물 작황에 따라 수익금을 더 주겠다는 계약을 맺었습니다.

이런 계약에 대해 당시 SEC는 투자 수익에 따른 수익을 보장한 만큼 증권 투자 계약으로 봐야 한다면서, 사전에 증권으로 등록하지 않은 하위 측을 고발 조치했습니다.

이후 대법원은 "하위가 소유한 농장의 수확물 역시 분양된 농장의 수익과 연계된 것으로 볼 수 있다"라고 밝히면서 이를 투자 계약 또는 증권으로 볼 수 있다고 판시했습니다. 당시 미국 연방법원은 하위 테스트의 기준으로 4가지를 제시했습니다.

돈에 대한 투자가 있고 공동의 사업에 투자한 것이고, 투자 이익의 기대가 있었으며 타인의 노력으로 인한 이익이 있었을 경우, 이 4가지를 모두 만족하면 증권법 규제 대상이 된다는 것입니다.

사실 이 4가지 기준을 작정하고 적용하면 비트코인과 이더리움 뿐만 아니라 대부분의 코인들이 SEC의 기소대상이 될 수 있습니다. 그러니까 리플 측은 내내 니를 SEC가 말하는 하위 테스트 기준이 XRP에 대해서 어떻게 이론 적용이 됐는지를 구체적으로 밝히라고 계속해서 요구했던 것입니다. 물론, 리플 측은 이를 통해 이번 소송이 리플에만 국한 된 것이 아니라 혁신 산업 전반과 관련된 점을 강조한 효과도 노린 것으로도 볼 수 있습니다.

암호화폐 업계 안팎에서는 SEC가 75년된 낡은 대법원의 결정인 하위 테스트를 기준으로 블록체인 혁신 기업을 기소했다는 것 자체를 용납하지 못하는 모습입니다. 1930년대에 하위 테스트가 필요했던 것 만큼, 2021년에는 지금 시대에 필요한 기준을 적용해야 한다는 것입니다. 제대로 된 기준도 없이 100년 가까이 지난 기준을 블록체인 산업에 적용해 규제한다는 것 자체가 상당한 넌센스로 받아들여지고 있는 것입니다.

| XRP는 증권, ETH는 비증권? |

리플 소송이 답답하게 느껴졌던 것은 아무리 리플사가 소송의 근거를 제시하라고 주장해도 SEC가 버티기로 일관했기 때문입니다. XRP가 왜 증권에 해당하는지를 명확히 밝히면 될 간단한 사건인데, SEC는 이걸 제시하지 못하고 소송 추가 연장까지 신청하면서 빈축을 샀습니다. 법원은 SEC의 소송 연장 요청을 그대로 받아들이면서 동시에 SEC를 향해 소송의 핵심에 대한 답을 제시하라고 명령했습니다. 대체 뭘 근거로 XRP를 증권으로 판단했느냐는 것입니다. 리플도 XRP 홀더들도, 심지어 법원조차도 제대로 이해할 수 없는 부분이 다름 아닌 소송을 건 이유인 것입니다.

리플 사건을 담당하고 있는 사라 넷번 판사는 SEC를 향해 XRP 판매가 왜 투자 계약에 해당하는지 이유를 제시하도록 명령했습니다. 특히, 리플이 XRP 가격 상승에 주도적인 역할을 했다고 본 이유에 대해서도 구체적인 입장을 요구했습니다. 1930년대부터 증권 여부를 결정하는 기준으로 작용해온 하위 테스트(Howey Test)를 어떻게 XRP에 적용했는지를 설명하라는 것입니다.

| SEC 내부 문서 공개 : 'XRP=비증권' |

소송 과정에서 SEC가 대체 왜 소송을 냈는지 이해할 수 없는 상황을 보여주는 것들이 여럿 공개가 됐는데, 그 가운데 대표적인 것이 SEC 내부 직원 윤리 규정입니다. 2021년 9월 SEC 내부 이메일이 유출되면서 SEC 내부 규정에 XRP 내부 거래 금지 규정이 없었다는 점이 알려지면서 한바탕 난리가 났었습니다. 당시 핵심적인 내용들은 보도가 됐는데, 구체적인 내부 규정이 공개되지는 않았습니다. 그러다 XRP 홀더들이 탈탈 털어서 SEC 내부 윤리 규정 전문이 트위터를 통해 공개되면서 한바탕 논란이 되기도 했습니다.

SEC 윤리 규정은 SEC 직원들이 미공개 정보를 활용해 사적 이득을 취득하는 것을 막기 위한 규정으로 대부분 국가의 권력기관에는 이런 윤리 규정이 존재합니다. 해당 규정을 보면 아주 친절하게 암호화폐 부문이 별도로 존재하는데, 단순히 XRP가 비증권이다의 수준이 이라는 점이 더 놀라움을 안겼습니다.

윤리 규정의 크립토커런시 부분에는 다음과 같이 적시돼 있습니다.

"암호화폐를 증권으로 볼지, 비증권으로 볼지 법적 지위를 따지는 것은 굉장히 복잡한 문제인데 SEC는 다음 3개 암호화폐에 대한 투자를 허용하기로 했다. 비트코인, 이더리움, XRP 이 세가지는 일반적으로 화폐로 받아들여지고, SEC의 규제 대상에 해당하지 않는다.

이 세가지 암호화폐는 비증권으로 간주된다. 이 세가지 이외의 암호화폐에 대한 투자는 금지된다. SEC 임직원들은 이 세가지를 활용해 다른 암호화폐에 투자하지 않는다. 암호화폐 파생상품은 증권으로 간주된다. ICO에 참여하는 것은 IPO에 참여하는 것과 동일하게 간주되기 때문에 CCO나 위원장의 허가가 필요하다."

재미있는 지점은 이 윤리 규정의 업데이트 날짜가 2021년 1월 4일이라는 것입니다. SEC는 이미 XRP가 증권이라며 소송을 낸 상황에서도 아주 명확하게 XRP를 비증권으로 규정했고 비트코인 이더리움과 동일한 지위를 부여했습니다. 심지어, 이것 3개 뺀 나머지를 죄다 증권이라고 규정하기까지 했습니다.

그렇다면 대체 왜 제이 클레이튼 전 SEC 위원장은 이런 내부 규정을 엎어가면서 리플을 향해 XRP가 증권이라면서 소송을 낸 것일까, 정말 로비스트 활동의 연장선이자 마침표를 찍기 위해 덜컥 임기말에 소송을 내고 비트코인 자산 운용사로 이직한 것일까, 여러가지 의문점들과 의혹에 대해서 더 진중한 질문을 하게 만드는 부분이 아닐까 생각됩니다.

| 리플 생태계 공격적인 생태계 확장 |

SEC와의 소송 이슈가 복잡하게 흘러가는 와중에도 리플은 전폭적인 리플 생태계 확장에 나서면서 주목을 받았습니다.

리플은 2021년 하반기로 접어들면서 아시아와 중동 지역을 중심으로 적극적으로 생태계 확장에 나서는 모습을 보였습니다. 2021년 10월 리플은 필리핀 송금 루트를 확보하면서 주목받았습니다. 리플이 지분 40%를 인수한 말레이시아 기반 국제 송금업체 트랜글로가 본격적인 필리핀 송금 서비스를 시작한 것입니다.

당시 리플 측은 "필리핀은 아시아 3위 해외 송금 수령국이다. 해외에서 일하는 필리핀 노동자들이 본국으로 보내는 자본이 현지 경제의 일부를 지탱하고 있다. 따라서 필리핀 내 저비용 국제 송금 솔루션에 대한 수요는 높은 편이다. ODL은 XRP를 활용해 즉각적이고 저렴한 국제 송금을 기원한다"라고 설명했습니다. 실제로 지난해 필리핀에서 받은 개인 송금은 필리핀 전체 GDP의 9.7%를 차지합니다. XRP가 엄청난 송금 시장에서 중심 축으로 자리하게 되는 의미있는 사건이 현실화된 것입니다.

리플은 앞서 2021년 7월에는 일본 SBI리밋과 함께 일본 첫 ODL서비스 출시를 발표하면서 필리핀과 태국 송금 통로를 뚫겠다는 점을 밝혔고, 8월에는 한국의 송금업체 글로벌머니익스프레스, GME가 합류하면서 한국-태국 송금 확대 발표가 진행됐습니다. 아시아 확장전략에 전폭적인 에너지를 쏟고 있다는 점을 확인할 수 있는 부분입니다.

특히 부탄 중앙은행과 CBDC 파트너십을 채결하면서 XRP렛저 기술의 확장에도 주력하는 모습을 보였고, 최근에는 아랍에미리트 기반의 세계적인 송금회사 알안싸리 거래소와 파트너십을 맺으면서 리플넷 클라우드를 활용해 말레이시아 당일 송금을 구현한다는 점을 밝혀 주목받았습니다.

해외송금을 보내거나 받아본 분들은 아시겠지만, 동아시아 국가에서 송금을 받는데 3일 전후의 시간이 소요됩니다. 이런 현실적인 불편함을 블록체인 기술을 통해 혁신적으로 극복해내고 있다는 점은 리플이 성취해내고 있는 가장 위대한 지점이 아닐까 생각합니다.

리플의 경우 2021년 SEC와의 소송 이슈가 리플을 둘러싼 거의 모든 것이라고 해도 과언이 아닐 정도로 중대한 영향을 끼치고 있는 이슈입니다. 일단 SEC와의 소송만 우호적으로 마무리된다면 리플은 세상 무서울 것 없는 돌풍의 기세를 보일 것으로 예상되고, 시세 역시 보수적으로 잡아도 5배에서 10배 이상은 오를 것으로 기대되고 있습니다. 소송으로 인해서 억눌렸던 시세가 충분히 폭발할 수 있다는 점, 한때 이더리움의 시가총액 2위 자리가 원래 리플 XRP의 자리였다는 점을 고려하면, 소송 이후 리플의 부활은 기정 사실처럼 받아들여지고 있습니다.

리플 소송은 SEC의 요청으로 재차 연기되면서 정확한 소송 일정을 예단하기 어려운 모습이 존재합니다. 그 사이 합의가 전격적으로 이뤄질 수도 있고, 더 지리멸렬한 시간을 보내게 될 수도 있습니다. 다만, 소송 시간이 길어질수록 SEC에 불리한 증거들과 정황들이 계속해서 제시되고 있는 만큼, 리플 홀더분들이거나 신규 진입을 노리고 계신 분들은 다른 것 다 차치하고 소송 상황만 잘 체크하셔도 리플의 흐름을 잡는데는 충분하지 않을가 생각합니다.

06

도지코인

2021년 가장 뜨거운 관심을 받은 코인들 가운데 하나를 꼽자면 단연 도지코인을 빼놓을 수 없습니다. 2021년 초만 해도 0.008달러에 거래됐던 도지코인은 한창 가격이 오를 때는 0.74달러, 우리돈으로 900원 정도까지 치솟기도 했습니다. 어마어마한 상승세를 보여주면서, 아무 것도 아닌 것 같았던 밈 코인은 이제 어엿한 메이저 코인으로 자리매김하게 됐습니다.

그동안 도지코인을 비판했던 진영의 핵심 논리는 기능성이 없다는 것이었습니다. 하지만, 참 사람의 일도, 코인의 일도 한치 앞을 예측하기 어려운 것은 자칭 '도지 파더'라고 주장하는 셀럽이 두 명이나 등장하면서 상황은 반전되고 있습니다. 도지코인이 일론 머스크와 달나라든 화성이든 어디든 가는 과정에 활용될 것이라는 점은 이제 기정사실이 됐고, 마크 큐반은 도지코인을 띄우면서 자신이 구단주로 있는 달라스 매버릭스 관련 상품 판매 도지코인으로 결제할 수 있도록 했습니다. 미국 최대 극장 체인인 AMC에서도 전격적으로 결제 수단으로 포함됐습니다.

• 베이직 체크포인트

① 시작은 미약했으나...

잘 알려져 있듯이 아무 것도 아닌 도지코인을 지금의 반열에 올려놓은 인물은 바로 일론 머스크입니다. 머스크는 스스로를 '도지 파더'라고 표현하기도 했었는데, 사실 도지코인의 진짜 아버지는 2013년 도지코인을 개발한 잭슨 팔머와 빌리 마커스입니다.

도지가 인터넷을 뜨겁게 달궜던 것은 실제 일본인이 키웠던 시바견 밈(Meme)이 테크 커뮤니티에 퍼진 것이 계기가 됐습니다. 당시 이 시바견이 순종이냐 잡종이냐는 논쟁이 불거졌고, 여기서 순종을 비하하는 표현으로 Doge라고 표현했던 것으로 알려졌습니다. 이후 이 시바견은 풍자 캐릭터로 인식되기 시작하는데, 2013년에는 이 시바견이 죽었다는 가짜 뉴스가 SNS에 올라오자 좋아요가 만 개 넘게 달리면서 선풍적인 인기를 끌기도 했습니다.

이런 인기에 힘입어 2013년 12월 14일 도지코인은 위키피디아에 등재됩니다. 다음날 도지코인은 하루 전과 비교해 무려 88만 배나 가격이 폭등했고, 일시적으로 비트코인보다 시총이 무려 300배가 높은 코인으로 전체 시총 1위를 차지하기도 했습니다. 당시 비트코인은 800달러 수준이었는데, 도지코인 하나가 무려 400달러 넘게 거래가 됐던 것입니다.

이랬던 도지코인은 지금은 머스크 코인으로 인식되고 있습니다. 지구상에 현존하는 가장 입김이 센 인물인 머스크가 대놓고 띄웠기 때문입니다. 그덕에 도지코인은 2021년 8월 18일 코인마켓캡 기준 시총 7위의 메이저 코인이 됐습니다.

③ 도지코인은 비트코인의 동생?

일론 머스크 덕에 엄청난 인기몰이를 한 도지코인의 유틸리티적 특징은 어떨까. 도지코인은 럭키코인에서 하드포크해 만들어졌고, 럭키코인은 라이트코인에서 하드포크됐습니다. 라이트코인은 비트코인에서 하드포크된 만큼 도지코인의 출발점은 비트코인인 셈입니다. 비트코인 계열로서 도지코인에게 비트코인은 큰형님 같은 존재인 것입니다.

도지코인은 빠른 코인 생산 속도가 특징점으로 꼽힙니다. 비트코인은 블록 생성 간격이 10분정도인데, 도지는 1분 정도입니다. 또 다른 특징으로는 발생량이 무제한이라는 것입니다. 개발 초기에는 1000억 개로 고정돼 있었지만, 무제한으로 바뀌었습니다. 해마다 52억 개의 도지코인이 새롭게 만들어집니다. 도지코인의 시세 상승에 어느 정도 제한이 있을 것이라는 분석의 근거로 사용되는 부분이기도 합니다.

도지코인은 풍자적 이미지를 통해 비트코인의 탈중앙화와 P2P 거래의 역할을 비판하는 목적으로 탄생됐지만, 전 세계 많은 사람들에게 암호화폐의 필요성을 알리는 역할을 했다고 볼 수 있다는 점은 상당히 역설적인 부분입니다. 도지코인재단은 2014년 도지코인으로 기금 모금을 진행했습니다. 당시 확보된 4만 달러는 올림픽 출전 비용이 없어 어려움을 겪던 자메이카 봅슬레이 팀을 돕는데 활용됐습니다. 자메이카 봅슬레이팀 후원 이후 케냐 식용 우물을 짓기를 위한 기금 모금도 진행됐습니다. 당시 목표 금액은 4000만 도지였고, 4천 명 넘는 기부자들의 기부행렬이 이어졌습니다.

도지코인재단은 이후 스폰서 없이 나스카 레이싱에 도전했던 드라이버 조시 와이즈의 스폰서십을 위해서도 도지코인을 모금받아 기부했습니다. 모금액은 도지코인 6700만개, 당시 시세로 55000달러, 우리돈으로 6000만원이 넘는 규모였습니다. 밈 코인으로 태어났지만, 가상화폐를 잘 모르는 사람들에게 그 존재를 알려오는데 있어서 나름의 역할을 톡톡히 해왔던 것으로도 볼 수 있습니다.

• 이슈 체크포인트

① 일론 머스크 & 스페이스X

일론 머스크가 왜 도지에 꽂힌 것인지는 정확히 알 수 없습니다. 하지만, 분명한 것은 머스크의 도지 사랑은 지금도 계속되고 있다는 점입니다. 머스크는 도지코인을 "우리 모두의 암호화폐"라고 지칭하며 여전히 도지코인을 향한 애정을 쏟아내고 있고, 비트코인의 테슬라 결제 중단 소식을 발표하면서 대안으로 도지코인을 언급해 다시금 관심의 중심에 서기도 했습니다. 도지코인은 스페이스X 로켓 발사와 관련해 이슈의 주인공이 되기도 했습니다. 캐나다 연구개발회사 GEC가 일론 머스크의 스페이스X와 협력해서 우주에 광고위성을 발사할 예정인데, 광고를 집행하기 위한 결제 수단으로 도지코인 결제도 지원하겠다는 것이 핵심입니다. 큐브셋은 2022년 초 발사 예정인 스페이스X 팰컨 9 로켓을 타고 우주로 날아갈 예정입니다. 그런데, 이 인공위성이 우주 궤도에 오르게 되면 위성 측면에 부착된 셀카봉이 위성에 있는 디스플레이 화면을 촬영하고, 이 영상은 유튜브와 트위치 등으로 실시간 중계됩니다.

이 우주 광고를 집행하기 위해서는 토큰을 구매해 위성에 탑재된 디스플레이에 광고 위치와 영상 재생 시간 등을 확보해야 합니다. GEC는 토큰 구매를 위해 암호화폐를 사용하게 할 방침인데 여기에 도지코인 결제도 지원하겠다는 것입니다.

이렇게 일론 머스크가 직접적으로 도지코인에 생명력을 불어 넣고 있는 와중에 늘상 관심의 대상이 되는 것은 테슬라 도지코인 결제 도입 여부입니다. 머스크가 환경 이슈를 문제삼으며 2021년 5월 갑자기 비트코인 테슬라 결제를 취소하면서 비트코인 하락장의 문을 열기도 했습니다. 이후 도지코인 결제 가능성에 대해서 늘상 관심의 대상이 되고 있지만, 아직까지 이렇다 할 말들은 나오지 않고 있습니다. 다만, 일론 머스크는 2021년 10월 트위터를 통해서 '인류 최초의 조만장자가 될 것인데, 도지코인과 함께'라는 취지의 글을 올리기도 했습니다. 머스크가 살아 있는 한 어떤 방식으로든 도지코인은 머스크의 비즈니스에 활용될 가능성이 충분하다는 점을 다시금 환기시킨 트윗글로 받아들여졌습니다.

② 마크 큐반 & 도지코인

도지코인이 그래도 망하지 않을 것 같은 가장 큰 느낌적인 이유가 일론 머스크라면, 그 뒤를 잇고 싶어하는 인물은 댈러스 매버릭스의 구단주이나 억만장자인 마크 큐반입니다. 머스크가 부러웠는지 어쩐지는 잘 모르겠지만, 그 역시 스스로를 '도지 파더'라고 칭하면서 나름 도지코인 띄우기에 꽤나 공을 들인 인물이기도 합니다.

마크 큐반은 본인을 비롯한 여러 크립토 셀럽들이 도지 코인을 홍보해주는 것이 상당한 선전 효과가 있다고 자평하는 인물이기도 합니다.

마크큐반은 “도지코인에 대해 사람들이 놓치고 있는 것은 도지의 불완전성과 단순성이 가장 큰 특징점이라는 것이다. 당신은 도지를 사용하거나 홀딩하거나, 이 두 가지만 할 수 있다. 그리고 지금 도지는 저렴하다. 누구나 참여할 수 있고 즐길 수 있다” 이렇게 대놓고 도지코인을 띄웠습니다.

그래도 마크 큐반이 나름 이런 말을 할 자격을 갖췄다는 평을 받는 것은 스스로 ‘밈 코인’으로 태어난 도지코인에게 ‘유틸리티적 역할’을 부여하는데 적극적인 노력을 기울였기 때문입니다. 그는 자신이 구단주로 있는 달라스 매버릭스 관련 상품 결제에 도지코인 결제를 도입했고, 2021년 여름세일에서 도지코인으로 결제할 경우 특별 가격으로 구매할 수 있다고 추가 할인을 제시하면서 주목도를 높였습니다.

물론, 의아했던 점은 마크 큐반 본인이 실제로 보유하고 있는 도지코인이 당시 500달러 수준이라고 알려진 점은 도지 커뮤니티에는 꽤나 큰 실망을 안긴 지점이기도 합니다. 이후 추가 매수를 하긴 했지만, 일론 머스크 정도의 매수세력이 아니라는 점이 드러난 것이어서, 나름의 역할은 인정받았지만, 도지 커뮤니티가 기대했던 수준의 거물급 도지코인 큰 손은 아니어서 적잖은 실망감을 안기기도 했습니다.

③ AMC & 도지코인

도지코인을 애정하는 또 다른 인물은 미국 최대 영화관 체인 AMC의 CEO 애덤 아론입니다. 도지코인 예쁘다 예쁘다 하더니, 자신의 극장에 결제 지원 대상으로 포함시켰고, 시세에도 적잖은 영향을 미쳤습니다.

2021년 10월, 도지코인은 일론 머스크가 아무리 띄우려고 해도 시세 측면에서 도통 움직임을 보이지 않았습니다. 그래서 '머스크 입김도 이제 끝났다'라는 말들이 공공연하게 제기되기도했습니다. 하지만 10월 초쯤 한동안 꿈쩍 않던 도지코인이 시세를 받으면서 다시 시총 10위 안으로 들어오는 일이 생겼습니다. 이때가 바로 미국 최대 극장체인인 AMC가 도지코인 결제 지원을 시작했던 날입니다. 애덤 아론 CEO가 도지에게 화폐로서의 역량을 부여하면서 생활 속으로 들어오게 만든 것입니다.

AMC는 비트코인과 이더리움, 라이트코인, 비트코인캐시 등에 대한 결제 역시 지원할 계획이어서, 극장에서 암호화폐 결제는 일상적인 일이 될 가능성이 한층 높아졌습니다. 코로나19로 인해서 극장 수요가 많이 줄었지만, '위드 코로나 시대'에 다시 극장에 활기가 돌면, 그만큼 도지코인의 유틸리티적 특성 역시 증가하게 될 것으로 기대할 수 있는 부분입니다. 이처럼 도지코인은 그 어떤 암호화폐와도 비견할 수 없을 정도의 '친화적인 이미지' '편안함' 등을 무기로 일상 속에서 빠른 속도로 화폐로서 자리할 수 있는 잠재력을 가지고 있다는 평을 받고 있습니다.

지금까지 도지코인은 유틸리티적 특징보다 머스크가 띄우는 코인, 그 자체로 관심을 받았습니다. 하지만, 중고 테슬라 결제 지원이 이뤄지는 것을 비롯해 스페이스X 이슈, 달라스 매버릭스 결제지원 등 사용처가 계속해서 늘어나고 있다는 점에서 페이먼트 토큰으로서 빠른 속도로 자리매김하고 있는 모습을 보여주고 있습니다. 시작은 미약했으나 어쩌면 그 끝은 창대할지도 모를 그런 가능성을 어느 정도 내비치고 있는 것입니다.

머스크 코인이라는 점만 놓고 봐도 도지코인은 쉽게 나락으로 가긴 어려울 것으로 보입니다. 페이먼트 토큰으로서 역량을 키워가고 있다는 점, 최근의 온체인 데이터와 거래량 증가세 등이 보여주고 있는 점 등을 보면 시세에도 긍정적인 영향이 앞으로 더 있을 것으로 예상되고 있습니다.

④ 일론 머스크 & 테슬라 & 스페이스X

일론 머스크가 계속해서 도지코인을 지지하고 있고, 일론 머스크가 벌이는 각종 사업이 엄청난 순항을 하고 있다는 점을 고려하면, 이들 사업의 비전과 방향은 좀 더 자세히 살펴볼 가치가 충분히 존재합니다. 직접적으로 도지코인과 연관이 없어보일 수 있지만, 결정적으로 도지코인의 시세에 연관을 줄 수도 있는 부분인 만큼, 이 부분에 대해서 자세히 짚어보는 시간을 가지는 것도 의미부여가 될 것 같습니다.

| 머스크와 테슬라 |

2021년 10월 25일 테슬라의 주가가 천 달러를 돌파하면서 이른바 천슬라를 현실로 만들었습니다. 2021년 3분기 최대 실적을 기록하더니 말 그대로 테슬라 매직이 구현했다는 평을 받았습니다.

테슬라가 워낙 잘 나가다 보니 일론 머스크가 인류 첫 조만장자가 될 것이라는 기사들 쉽게 접할 수 있습니다. 억만장자의 천 배에 이르는 재산을 가진 1조 달러 이상의 첫 부호가 될 것이라는 점입니다. 이걸 현실화시킬 1차적 요인은 단연 천슬라 등극입니다. 테슬라는 시가 총액 1조 달러를 넘어섰고 일론 머스크는 테슬라 지분 23%를 가지고 있습니다.

일론 머스크의 성취에 시샘이 날 수밖에 없는 건 그의 성취는 이제 시작단계에 올라선 것일지 모르기 때문입니다. 테슬라는 비트코인 4만 2천 개를 가지고 있고, 조만간 테슬라의 비트코인 결제 재개가 사실상 예고된 상태입니다. 비트코인이 더 오를수록 테슬라의 미실현 수익은 커지는 선순환 구조가 마련돼 있습니다. 테슬라에 도지코인 결제가 이뤄지면 도지코인에 대해서도 엄청난 영향을 미칠 가능성도 존재합니다.

그런데, 여기서 끝이 아닙니다. 스페이스X의 화성 이주 계획을 비롯해 위성 인터넷 스타링크 사업까지 순항하고 있습니다. 친환경, 인터넷, 우주, 전기차, 블록체인, 그리고 비트코인. 일론 머스크는 지구상에 존재하는 모든 혁신과 관련된 키워드를 돈으로 만들고 있고, 인류의 성취로 이끌고 있습니다.

사실 일론 머스크는 2016년쯤 테슬라 경영 상황이 어려워지자 아예 애플에 매각하려고 했습니다. 당시 테슬라의 시가총액은 630억 달러 수준이었습니다. 모델3 개발에 극심한 어려움을 겪던 와중에 급기야 테슬라를 애플에 넘기려고 했던 것입니다. 하지만, 팀 쿡 애플 CEO는 미팅 요청 자체를 거절했고, 그렇게 테슬라는 머스크 손에 남게 됐습니다. 이같은 사실은 일론 머스크가 2020년 12월 자신의 트위터를 통해 "모델3 개발에 극심한 어려움을 겪었던 시기에 팀 쿡과 접촉해 테슬라 인수 가능성을 타진했었다, 하지만 그는 만나주지도 않았다"라고 밝히면서 세상에 알려졌습니다.

그렇게 애플에 차였던 테슬라는 5년 만에 주가 천 달러를 넘기면서 시가총액 1조 달러 기업으로 등극했습니다. 그동안 테슬라는 페이스북과 시총 6위 자리를 놓고 엎치락뒤치락 했었습니다. 하지만, 역대급 반도체 대란을 딛고 사상 최대 실적을 기록한 테슬라 매직은 고스란히 주가에 반영돼 테슬라의 위상을 한 단계 더 올려놨습니다.

통상 테슬라의 성취는 머스크의 성취와 동일어로 해석되곤 합니다. 연봉 빵원의 CEO는 수십조 원에 육박하는 규모의 스톡옵션을 보유하고 있습니다. 현재 주당 천 달러를 넘긴 테슬라 주식을 머스크는 70달러에 사들일 수 있는 스톡옵션을 가지고 있습니다. 머스크는 1억1000만주까지 스톡옵션을 받을 수 있는데 2021년 10월 현재까지 3380만 주가 지급됐습니다. 스톡옵션 1억1000만주는 840만주씩 12개 패키지로 나눠어져 있는데, 현재 4개 패키지가 지급됐습니다. 테슬라 주식 1억750만 주와 옵션을 포함한 머스크의 테슬라 지분율은 23%, 그는 아직 지분을 매도한 적이 없습니다. 테슬라의 가치가 올라갈 수록 머스크의 재산도 수직 상승하는 구조가 탄탄하게 마련돼 있습니다.

| 테슬라와 비트코인 (+ 어쩌면, 도지코인도) |

테슬라의 가치는 비트코인의 가치 상승과도 맞물려 있습니다. 테슬라가 보유한 비트코인은 4만2천 개 정도로, 평균 매수 단가는 3만1천700 달러 수준으로 알려져 있습니다. 2021년 10월 기준으로 이미 2배 가까운 미실현 이익이 발생한 것으로 볼 수 있습니다. 비트코인 가격이 2021년 연말까지 10만 달러 돌파를 이뤄낼지 예단하긴 어렵지만, 머스크는 스스로 추가 동력을 만들어낼 준비를 하고 있습니다. 바로 테슬라 비트코인 결제 재개 이슈입니다. 여기에 늘상 기대 포인트로 작용하고 있는 것이 도지코인 테슬라 결제 지원입니다. 충분히 가능성이 있는 일이라서 늘 관심의 중심에 있는 이슈이기도 합니다.

머스크는 테슬라뿐만 아니라 자신의 우주 사업을 구현하고 있는 스페이스X도 비트코인을 보유하고 있다고 밝혔습니다. 그러면서, 테슬라의 비트코인 결제도 재개될 가능성이 크다고 덧붙였습니다. 그게 2021년 7월의 일입니다. 이런 그의 말은 공식 문서를 통해서도 확인되며 기대감을 키우고 있습니다.

테슬라가 2021년 10월 미국 SEC에 제출한 문서를 보면 2021년 5월부터 비트코인을 이용한 지불을 중단했다는 내용과 함께 향후 우리 제품과 서비스에 대한 디지털 자산 거래 관행을 다시 시작할 수 있다라고 적시돼 있습니다. 그러면서 2021년 9월 30일 기준 자사 보유 비트코인 평가액이 18억3000만 달러라면서 투자이자 현금에 대한 유동적인 대안으로서 디지털 자산의 장기적인 잠재력을 믿는다라고 덧붙였습니다. 테슬라의 비트코인 결제 재개는 단순한 기대감에서 현실화 이슈로 거의 자리를 옮긴 것으로 볼 수 있습니다. 테슬라가 끌어주고 비트코인이 밀어주고, 이렇게 일론 머스크를 조만장자로 만들어주는 시스템은 앞뒤가 잘 맞춰진 채로 설계돼 있는 것으로 볼 수 있습니다.

| 머스크 & 화성 이주 |

재미있는 건 여기까지의 일들은 전체 그림에서 봤을 때 일부에 불과합니다. 일론 머스크는 테슬라의 CEO이면서 동시에 민간 우주기업 스페이스X의 CEO이기 때문입니다. 스페이스X가 하는 공식적인 일들은 발사체, 로켓엔진, 우주화물선, 위성인터넷, 행성간 우주선 설계 제조 등이 포함돼 있습니다. 이를 통해 화성 식민지화를 이루고 태양계를 탐사하겠다는 것인데, 스타트렉에서나 나올법한 일들은 그는 이미 현실 속에서 구현해내고 있는 것입니다.

스페이스X는 화성 이주 계획으로 잘 알려져 있습니다. 화성으로 인류를 이주시키기 위해서는 완성도 높은 로켓 발사체 기술 선행돼야 합니다. 지구와 화성을 연결하는 위성 인터넷 시스템도 잘 구축돼야 할 것이고, 위성을 띄우는데 가급적 돈이 덜 들면 좋을 것이고 그걸 위해서 등장한게 로켓 재활용입니다.

2020년 12월 스페이스X의 스타십(Starship)이 발사 이후 다시 땅으로 내려와 착륙을 시도한다고 했을 때 세상은 관심과 함께 비웃음을 내비쳤습니다. 실제로 그때부터 4번을 연달아 실패했습니다. 처음 2번은 경착륙으로 폭발, 3번째 발사는 착륙 직후 폭발, 4번째 시도에서는 공중 폭발. 폭발에서 시작해 폭발에서 끝나는 것 같았지만 일론 머스크는 2021년 5월 다섯 번째 도전에서 기어이 성공시키고 말았습니다.

로켓 발사체가 발사 이후 버려지는 게 아니라 재활용이 가능해지는 인류 역사의 한 획을 긋는 일대 사건이 민간 기업에서 벌어진 것입니다. 로켓 재활용 기술을 더 안정적으로 더 경제적으로 완성도 높게 개발하는 것은 스페이스X의 장기 목표를 향한 첫 단추입니다. 인류의 화성 이주가 성공하게 되고 지속적으로, 저렴하게 화성으로의 이주나 여행이 일상화된 상황에서 재활용 로켓은 일등 공신이 될 가능성이 높습니다.

특히, 스타십의 마지막 목표는 유인 우주선과 로켓을 결합해 재활용이 가능한 도구로 태양계를 탐험하는 것입니다. 영화 스타트렉에서 보던 상황들의 초기 버전을 머스크가 만들겠다는 것으로도 볼 수 있습니다.

| 머스크 & 스타링크 |

사실 스페이스X의 재활용 로켓은 위성 인터넷으로 전지구를 연결하는 프로젝트로서도 각광받고 있습니다. 이른바 스타링크사업입니다. 현재 스페이스X는 위성 1800개를 쏘아 올렸고 최종적으로 1만2천 개 저궤도 위성을 발사해 글로벌 인터넷 서비스를 제공한다는 계획입니다. 우리야 워낙 인터넷 강국에서 일상을 누리다 보니 체감이 안 되지만, 미국의 경우만 해도 초고속 인터넷에 접속을 못 하는 인구가 무려 4천만 명에 달합니다.

여기에 아직 인터넷 세계에서 사실상 배제돼있는 아프리카 등 오지에서 스타링크를 통해 인터넷 세상에 들어올 수 있게 됩니다. 아프리카에서도 구글에 접속하고 넷플릭스를 통해 한국이 만든 넷플릭스 오리지널 '오징어게임'을 볼 수 있는 시대가 곧 열리게 되는 것입니다.

이들 초고속 인터넷 배제 지역에서 자체적으로 위성을 띄우는 것은 비용 측면에서든 기술적 측면에서든 불가능합니다. 일론 머스크의 스페이스X는 로켓 재활용 기술을 통해서 이런 수요에 대한 공급자 역할을 자처한 것입니다. 수요자는 적은 비용으로 스타링크 위성을 통해 인터넷을 공급받을 수 있고, 스페이스X는 로켓 재활용을 통해 비용을 절감하면서 전 세계를 하나의 인터넷 망으로 만들어버릴 수 있게 되는 것입니다. 이 과정에서 당연히 많은 돈을 벌 수 있을 것이고, 이 돈은 화성 이주를 위한 시드 머니로 작용하는 순환 구조가 이뤄질 것으로 예상되고 있습니다.

결국 머스크는 스페이스X의 재활용 로켓 기술을 통해 화성 이주와 태양계 탐사를 구현해 가고 있고, 이걸 지구적인 관점에서는 미국을 포함해 글로벌 디지털 격차를 좁히고 있고, 테슬라를 통해 친환경 테크를 발전시키고 있는 것입니다. 여기에 비트코인, 도지코인으로 상징되는 블록체인 혁신까지 얹으면서 기술도 혁신도 돈도 명예도 얻으면서 인류의 역사까지 새롭게 써내려가고 있는 것입니다.

투자자로서 바라봐야 할 지점은 '와, 머스크 대단한다' 수준이 아닐 것입니다. 테슬라의 미래, 스페이스X의 미래 스타십과 스타링크의 비전이고, 이걸 이끌고 있는 엄청난 인간이 무척이나 관심을 갖고 있는 것이 비트코인과 도지코인이라는 것입니다. 비트코인이든 도지코인이든, 테슬라 주식이든 투자 가치를 따져볼 때 머스크의 비전에 대한 분석을 피할 수 없는 배경이기도 합니다.

⑤ 도지코인 & 시바이누

도지코인 이슈를 이야기할 때 빼놓을 수 없는 것이 시바이누 토큰입니다. 2021년 10월, 시바이누가 오른다 오른다 하더니 아예 도지코인을 제치고 시가총액 400억 달러, 시가총액 랭킹 9위를 차지하는 놀라운 일들이 현실이 됐습니다. 도지코인과 마찬가지로 밈 코인에서, '포스트 도지코인'으로 시작했던 시바이누가 시총 랭킹 9위의 메이저급 코인이 돼버린 것입니다. 그렇게 시바이누는 '도지 짝퉁'에서 '도지 킬러'가 돼 버렸습니다. 왜 이렇게 아무런 기능 하나 없는 시바코인이 관심을 받는 것인지, 밈 코인을 어떻게 바라봐야 하는지도 함께 짚어보겠습니다.

시바이누 열풍은 딱히 뭐라고 이유를 단정하기 어려울 정도로 폭발적으로 발생했습니다. 시바이누 커뮤니티의 힘이 대단한 것인지, 추가로 기대되는 호재의 영향력이 대단한 것인지, 아니면 진짜 아무 생각없는 투기꾼들의 시세 조종인지, 이 모든 것들이 다 복합적으로 작용한 것인지, 딱 잘라서 말하기 어려울 정도로 폭등을 했기 때문입니다.

시바이누의 폭등을 이끈 분명한 이유 가운데 하나는 온라인 거래 플랫폼 로빈후드 상장 가능성이었습니다. 로빈후드 측은 아무런 입장을 밝힌 것이 없는 상황에서도, 투자자들은 로빈후드에 시바이누를 상장시켜 달라고 청원까지 올릴 정도로 관심이 뜨거웠습니다. 글로벌 시민 청원 사이트인 체인지오알지에는 로빈후드의 시바이누 상장 요구 청원이 등장했고, 무려 30만 명 넘게 서명을 했습니다. 이에 대해 블라디미르 테네브 로빈후드 CEO는 시바이누 관련 질문에 대해서는 직접적인 답변을 피하면서도 "새로운 암호화폐를 추가하는 방안을 신중하게 검토하고 있다"라고 여지를 남기면서 홀더들 사이에서는 사실상 상장이 되는 것이란 의미 아니겠느냐라는 방식의 희망 섞인 분위기가 강하게 자리했습니다. 이런 상황은 물론 고스란히 시세 상승의 동력으로 작용했습니다.

특히, 로빈후드의 2021년 2분기 가상화폐 매출이 46배나 급등한 것이 도지코인 덕분인 것으로 나타난 만큼, 로빈후드 입장에서는 밈코인 상장이라는 조금 모양이 빠지는 모습이 신경 쓰이더라도 상장을 하지 않을 이유가 하나도 없다는 평이 우세한 모습입니다. 사이즈만 놓고 보면 이미 시가총액 400억 달러를 넘긴 준메이저 코인이 돼 버렸기 때문입니다.

특히 2021년 3분기 실적에서 도지코인 수익이 2분기의 32%에서 8%로 추락한 만큼, 로빈후드로서도 새로운 수익 창출 효자 종목을 찾아야 하는 상황이었습니다. 결국 수수료 수익을 절대적인 목적으로 추구하는 거래소 입장에서, 시바이누 청원 요구 쇄도는 아주 반가운 상황일 수도 있었을 것으로 생각해 볼 수 있습니다.

여기에 앞서, 도지코인 결제 관련해서 언급했던 미국 최대 극장 체인 AMC의 아담 애론 CEO는 시바이누 코인에 대한 결제 지원 여부를 묻는 설문 조사를 직접 나서서 진행할 정도로 관심을 내비쳤습니다.

이처럼 중대형 호재들 몇개가 대기를 하고 있는 모습을 보이고 있다 보니 왠지 추가 랠리가 더 펼쳐질 것 같은 기대감이 자리하는 것은 어쩔 수 없는 것 같습니다. 그렇다면 시바이누를 비롯해서 아무런 기능성이 없는 밈 코인이 호재가 기대가 된다는 이유로 과연 뒤늦게라도 투자를 해야 하는 것인지, 이런 상황을 직면했을 때 어떤 방식으로 접근할 것인지 등을 생각해 볼 필요도 있을 것 같습니다. 계속 오를 것 같고 더 오를 것 같다는 이유로 아무런 기능 없는 코인을 덜컥 매수했을 때는 그에 따른 리스크를 감당해야 하는 상황도 충분히 생길 수 있기 때문입니다.

이와 관련해 블룸버그 인텔리전스의 시니어 전략가인 마이크 맥글론은 "도지코인 카피캣인 시바이누가 디자인, 마케팅 측면에서 어느 정도 탁월하지만 투기성 밈토큰에 불과하다"라고 지적했습니다. 그는 자신의 트위터를 통해 도지코인과 시바이누를 중심으로 형성된 현재의 시바견 토큰 열풍이 사그라들게 되면 암호화폐 시장에서 위험 회피형 투자 심리가 강해지면서 비트코인의 입지가 더 공고해질 수 있다라고 분석했습니다. 그러면서 시바 가격 그래프가 이더리움 가격 흐름과 유사한 차트를 공유하며 이더가 시바 가격 상승을 부추기는 측면도 있다고 덧붙였습니다. 이더리움 기반의 시바이누가 이더리움의 랠리에 영향을 받으면서 동조화 현상을 보이고 있다는 의미입니다.

이같은 분석 저변에는 '분명히 오를 수 있지만 폭락 가능성도 분명하게 존재한다' 이런 기조가 깔려 있는 것으로 개인적으로는 받아들였습니다. 따라서 기능성이 모호한 밈 코인에 대한 후발 진입 여부를 판단하고 싶은 상황이 벌어졌을 때는 과연 내가 리스크 어워딩을 기대하기 위해서 리스크 테이킹 각오를 할 수 있는가, 이 부분에 대해 명확한 답을 찾으면 기준점을 마련할 수 있을 것이라고 생각합니다. 저 개인적으로는 이런 종류의 리스크 테이킹은 별로 선호하지 않습니다.

물론, 다소 결이 다른 분석도 있습니다. 암호화폐 업계의 큰형님 가운데 한 명으로 꼽히는 갤럭시 디지털의 마이크 노보그라츠도 시바이누 열풍에 대해서 한마디 건넸는데, 그는 테슬라와 게임스탑, 카르다노, AMC, 시바이누를 모두 같은 것이라고 강조하면서 이들 모두의 가격이 계속 오르는 이유는 사람들이 이것들을 사기 원하기 때문이라고 설명했습니다.

그러면서 노보그라츠는 이들은 낡은 현실에 얽매이지 않고 새로운 신봉자들을 끊임없이 끌어모으는 커뮤니티에 의해 가격이 상승한다"라고 덧붙였습니다. 즉, 오래된 과거의 기준을 놓고 테슬라나 게임스탑, 카르다노, AMC, 시바이누를 평가하긴 어렵다는 의미로 해석할 수 있습니다. 실제로 그가 언급한 종목들은 전통적인 기업재무 기준이나 기업가치로는 지금의 시세가 평가되기 불가능할 정도로 높은 시세를 형성하고 있습니다.

시가총액 3위 에이다, 카르다노가 여기에 왜 들어가냐고 생각할 수도 있는데, 사실 에이다는 엄청난 충성도를 자랑하는 홀더들이 존재하는 반면, 이제 막 스마트 컨트랙트 구현이 가능하게 된 상황이 조성될 정도로 이더리움과 비교하면 개발 속도면에서는 보잘 것 없다는 말도 과언이 아닙니다. 그렇다 보니, 실체는 없는데 시세만 높다 이런 비판적 시선이 존재했던 것입니다.

어쨌든 이같은 노보그라츠의 발언을 그냥 넘겨서 들을 수도 있겠지만, 새로운 시대, 새로운 혁신, 새로운 모든 것들이 등장하는 지금의 시대에 이들을 바라보는 시선과 기준 역시 재설정이 필요한 것인지 곰곰 생각해 볼 가치는 있는 것 같습니다.

07

폴카닷

2021년 들어서 이더리움이 하도 힘을 받으면서 이더리움의 경쟁 프로젝트로 불리는 코인들 역시 주목도가 높아졌습니다. 이대로 계속 상승장, 강세장이 이어진다면 이더리움을 중심으로 비슷한 성격의 프로젝트들까지 시세가 더 오를 가능성이 높다는 기대감이 생긴다는 점에서 관심도가 커지는 것은 당연한 것인지도 모르겠습니다.

이더리움의 경쟁 프로젝트를 이야기할 때 항상 세트로 묶여서 비교평가받는 코인들이 있습니다. 바로, 에이다와 폴카닷입니다. 그러고 보면 이더리움과 에이다, 폴카닷은 여러 공통점들이 있습니다. 창시자들이 모두 이더리움 공동 창업자라는 공통점이 있고, 다른 디파이(Defi) 앱들을 개발할 수 있는 스마트컨트랙트 플랫폼이라는 점에서 그렇습니다.

이번 파트에서는 이더리움의 보완재라는 평을 받으면서 3년 안에 100달러 달성이 가능하다는 전폭적인 전망까지 나오기도 하는 폴카닷을 살펴보도록 하겠습니다.

• 베이직 체크포인트

① 폴카닷, 그리고 멀티 체인

폴카닷은 시작부터 기존 블록체인의 문제점을 해결하겠다는 포부로 세상에 나왔습니다. 폴카닷은 확장성의 문제를 기존 블록체인의 가장 큰 문제점으로 지적했습니다. 비트코인과 이더리움이 처리할 수 있는 트랜잭션량이 제한적이고 속도가 느리다는 것이었습니다. 뒤집어 말하면 이런 확장성의 이슈를 해결하고자 하는 것이 폴카닷의 가장 큰 목적이라고 할 수 있습니다. 그래서 폴카닷이 채택한 방식은 이른바 멀티 체인 구도입니다.

서로 다른 블록체인을 연결하는 인터체인을 기반으로 하는 프로젝트인데, 크게 릴레이체인과 파라체인으로 구성돼 있습니다. 릴레이체인은 거래 여부를 결정하는 중앙 관리자 역할을 하고, 파라체인은 거래를 수집하고 처리하는 보조 체인의 역할을 합니다.

릴레이체인은 폴카닷의 중심이 되는 메인 체인으로 폴카닷 네트워크의 보안과 개별 체인인 파라체인 사이의 데이터를 중개합니다. 릴레이체인에 병렬 구조로 연결된 여러 개의 파라체인들이 폴카닷 위의 트랜잭션을 처리하기 때문에, 하나의 체인만 구동되는 기존 블록체인보다 몇백배 빠른 속도로 처리가 가능합니다.

폴카닷 측은 초당 트랜잭션이 100만개가 가능하다고 설명하고 있는데, 통상 비트코인의 트랜잭션 속도가 초당 최대 7개, 이더리움이 25개인 것과 비교하면 엄청난 개선이라고 볼 수 있습니다. 즉, 릴레이체인을 중심으로 수많은 파라체인들이 독립적으로 돌아가는 방식을 통해서 더 많은 양의 거래를 처리할 수 있고, 이를 통해서 확장성의 문제가 해결된다는 것입니다.

② 폴카닷, 그리고 웹3.0

폴카닷 네트워크는 웹3.0 기술을 기반으로 합니다. 현재 우리가 사용하는 인터넷 환경은 웹2.0으로 페이스북 등의 SNS나 전자상거래처럼 유저들 사이에서의 소통이 가능합니다. 문제는 아마존이나 구글 등 거대 빅 테크들이 중앙서버에 이용자의 데이터를 대량으로 수집하고 저장하고 있고, 개인 정보 유출 등의 우려가 현실이 되기도 한다는 점은 중앙화 시스템의 고질적인 문제점으로 거론됩니다.

폴카닷은 이런 중앙화된 시스템에서 벗어난 탈중앙화된 웹3.0을 위한 인프라를 구축하겠다는 것을 목표로 하고 있습니다. 웹 3.0은 모든 자료와 정보가 분산화, 분권화된 차세대 네트워크 구조로 중앙화된 서버가 없는 분산형 웹입니다. 즉, 폴카닷은 탈중앙화를 통해 웹 2.0보다 개인 정보를 더 지켜주면서 동시에 더 빠른 방식의 처리 속도를 구현하겠다는 것입니다.

③ 폴카닷 창시자, 개빈 우드

이런 혁신적 아이디어를 바탕으로 폴카닷 프로젝트를 세상에 들고 나타난 인물은 개빈 우드입니다. 한때 비탈릭 부테린과 함께 이더리움 재단을 공동 설립하면서 지금의 이더리움 생태계가 탄생하는데 꽤 큰 역할을 했던 인물입니다. 하지만, 비탈릭 부테린과는 뜻이 맞지 않는다는 이유로 이더리움재단을 탈퇴하고 웹쓰리 재단을 창립했습니다.

개빈 우드는 컴퓨터 공학 석사, 박사 학위를 가지고 있는데, 그래서인지 비즈니스보다는 기술 개발에 더 집중하는 모습을 보여왔다는 평을 받고 있습니다. 에이다의 창시자 찰스 호스킨슨 역시 부테린과의 갈등으로 인해 이더리움에서 나왔다는 점을 보면 공통점으로 보이기도 하지만, 찰스 호스킨슨은 이더리움 재단을 영리 비즈니스 기업으로 키우길 원했고, 이 지점에서 부테린과 갈등 양상을 보이다 떠난 케이스입니다. 이런 측면을 보면, 개빈 우드와 찰스 호스킨슨은 전혀 다른 성향을 가지고 있다고도 볼 수 있을 것 같습니다.

찰스 호스킨슨이 비즈니스 방점을 찍고 있다는 점은 에이다의 경우 이미 여러 기업이나 정부와 파트너십을 맺었다는 점에서도 살펴볼 수 있습니다. 에이다에는 비즈니스 전담조직 이머고가 있는데, IBM이나 에티오피아정부, 에딘버러 대학 등 여러 분야의 조직과 협업을 진행하고 있습니다. 제대로 된 기능 구현이 이뤄지지 않은 상황에서도 이런 파트너십을 이뤄낸 것이어서, 호스킨슨의 비즈니스 감각은 때로 꽤 호평을 받기도 합니다.

반면, 폴카닷의 경우 아직 파트너들 가운데 상대적으로 유명한 기업을 찾아보기는 어려운데, 개빈 우드의 학자적 성향이 반영된 것이라는 평도 존재합니다. 하지만, 이미 폴카닷은 시가총액 사이즈로 보나 프로젝트의 성과로 보나 그 규모와 위상이 상당히 커졌기 때문에 이전 보다는 쉽게 파트너십 결과를 이끌어 낼 수 있을 것이라는 전망도 존재합니다. 그만큼 많은 잠재력을 가지고 있다라는 의미로도 볼 수 있습니다.

• 이슈 체크포인트

① 폴카닷, 진정한 '이더리움 킬러'?

폴카닷은 이더리움의 단점을 크게 보완한다는 점에서 이더리움의 진정한 경쟁자라는 평을 받기도 합니다. 2021년 핀테크 전문가 캐피탈2마켓의 CEO 키스 블리스가 3년 안에 폴카닷의 가격이 100달러에 도달할 것이라는 선방하기도 했습니다. 키스 블리스는 폴카닷이 이미 많은 디앱이 활동하고 있는 이더리움을 대체할 정도는 아니지만, 두 메인넷 사이에 경쟁은 존재한다면서, 100달러 전망을 내놨습니다. 대체재가 되기는 어렵지만 보완재 역할을 하면서 그 가치를 크게 높일 수 있다는 것입니다.

코인베이스는 2020년 연말 보고서를 통해 이더리움의 최대 잠재 경쟁 프로젝트로 폴카닷을 꼽았습니다. 코인베이스는 "이더리움은 개발자 활동 수준, 이용자 규모를 비롯해 스마트 컨트랙트 역량 등의 분야에서 뚜렷한 우위를 선점했지만, 일부 프로젝트의 성장세도 위협적이라고 밝혔습니다. 코인베이스는 폴카닷과 더불어 코스모스와 플로우, 테조스, 솔라나 등을 꼽았습니다.

② 폴카닷, 파라체인 경매

폴카닷은 2021년 10월 들어서 상당히 의미있는 시세 상승을 받았습니다. 8월까지만 해도 13달러 전후에서 시세가 형성됐었는데, 최고가 49달러 기록을 달성할 정도로 시세 폭등을 이뤄냈습니다. 이에 따라 폴카닷은 2021년 10월 23일 코인마켓캡 기준 시가총액은 435억 달러고, 전체 랭킹은 도지코인을 밀어내고 8위를 차지하고 있습니다. 명실상부한 메이저급 코인으로 볼 수 있는데, 플립사이드 크립토에서도 A 등급을 받고 있는 우량 코인으로 평가받고 있습니다. 이렇게 폴카닷이 단숨에 도지코인을 밀어내며서 시총 10위 안에 이름을 올리게 만든 이슈는 폴카닷 파라체인 슬롯 경매 이슈입니다.

앞서 짚어본 것처럼 페라체인은 폴카닷 릴레이 체인에 연결돼 있으면서 동시에 폴카닷 메인 네트워크와 함께 측면에서 작용하는 레이어1 블록체인 플랫폼입니다. 디파이에서 스마트 컨트랙트까지 다양한 영역에서 활용될 수 있고, 이같은 특성이 이더리움의 경쟁자로서의 입지를 만들게 한 것입니다.

폴카닷 거버넌스 위원회 구성원들은 2021년 10월 파라체인 경매 일정을 확정하기 위한 제안을 만장일치로 승인했습니다. 이에 따라 경매는 2021년 11월 11일부터 12월 9일까지 진행됩니다. 이같은 소식은 곧장 폴카닷 시세에 영향을 미쳤고 해당 소식이 전해진 당일 20% 급등을 이뤄냈습니다.

아마 대부분의 코인 초보자들은 '파라체인 경매라는 이벤트 덕분에 폴카닷 시세가 올라갔다' 정도는 이해할 수 있겠지만, 파라체인 경매가 어떤 의미인지까지는 이해하기 어려울 것 같습니다. 다소 기술적인 부분이라서 구체적으로 알 필요까지는 없겠지만, 유망한 프로젝트의 핵심 기술인만큼 조금 더 깊이 들어가 보도록 하겠습니다.

이더리움은 누가 뭐래도 지구상에 현존하는 가장 거대한 디앱(decentralized application) 생태계를 가지고 있습니다. 그런데 이더리움

블록체인의 한정된 공간에 엄청난 개발자, 사용자들이 몰리면서 속도는 느려지고, 비용(가스비)는 올라가게 되는 치명적인 단점을 가지고 있습니다. 폴카닷의 파라체인 슬롯 경매는 이런 단점을 해소하기 위한 차원으로 바라볼 수 있습니다.

앞서 폴카닷은 릴레이 체인과 파라 체인으로 구분된다고 짚어봤습니다. 쉽게 구분하자면 '릴레이가 메인이고, 파라가 서브다' 이 정도로 인식하면 쉽습니다. 릴레이 체인의 부담을 줄여주기 위해서 파라 체인을 붙여서 확장성을 키우는 개념입니다. 이더리움의 레이어2 프로젝트와 비슷한 개념입니다. 그런데, 파라체인 역시 무한한 것이 아니기 때문에 아무나 들어가고 싶다고 들어갈 수는 없습니다. 그래서, 이걸 경매라는 방식을 통해서 파라체인에 들어갈 수 있는 슬롯을 배분하겠다는 것입니다. 경매를 통해서 슬롯을 받게 되면 일정 기간 동안 파라체인을 사용할 수 있는 권한을 얻게 됩니다.

일단 파라체인에 들어가게 되면 폴카닷의 장점인 빠른 거래 속도, 저렴한 처리 비용 등의 장점을 누릴 수 있고, 이를 통해 개발자든 사용자든 폴카닷의 장점을 온전히 경험할 수 있게 되는 것입니다. 즉, 폴카닷은 자신이 이더리움의 경쟁자로서 이더리움의 고질적인 단점인 느린 거래속도/비싼 처리 비용 이슈를 해결하기 위한 대안으로 파라체인 개념을 도입했고, 이 파라체인 활성화를 위해서 시작하게 된 것이 바로 '파라체인 슬롯 경매'라고 할 수 있습니다. 이 정도 개념만 놓고 바라봐도 폴카닷 프로젝트가 상당한 내공이 있다는 점을 느낄 수 있지 않을까 생각됩니다.

사실, 이더리움의 경쟁자를 자처하면서 등장한 프로젝트들이 한두 개가 아니어서 누가 진짜 '이더리움 킬러'로서의 면모를 과시하며 존재감을 드러낼지는 지금 단계에서 뭐라고 단언하기는 어렵습니다. 2021년 10월 기준으로 가장 '이더리움 킬러'에 근접한 프로젝트로 평가받는 것은 솔라나이고, 그 뒤로 폴카닷이 거론되는 모습입니다. 에이다 카르다노가 얼마나 속도감 있게 완성도 있는 플랫폼 구축을 이뤄내느냐가 또 다른 변수가 될 수도 있습니다. 뭐가 진짜 '이더 킬러'가 될지는 모르지만 그럼에도 불구하고 확실한 건, 이 정도로 함께 언급되는 프로젝트들은 모두 관심을 갖고 리서치를 진행할 가치가 있다는 점입니다. 이더리움 유관 프로젝트들에 관심이 있으신 분들은 참고하시면 좋을 것 같습니다.

08

테라 / 루나

2021년 알트코인들 가운데 가장 주목받고 있는 분야는 단연 디파이와 NFT입니다. 최근 솔라나가 폭등할 때 거의 비슷한 시기에 시세를 받으면서 주목받은 코인이 있습니다. 바로, 루나입니다.

루나는 스테이블코인 테라와 하나의 쌍을 이루는 종목입니다. 테라는 각국의 여러 법정화폐와 페깅된 스테이블 코인으로 1UST는 1달러에, 1KRT는 1원에 페깅됩니다. 이런 테라의 가격안정화를 위해서 고안된 토큰이 바로 루나입니다. 테라가 고정가격 이상이거나 이하일 때 루나를 통해서 안정적인 가격을 조정하는 것입니다. 이중 토큰 시스템을 가지고 있는 셈입니다.

사실 테라는 창업자가 한국인이라는 점에서 김치코인으로 볼 수도 있습니다. 하지만, 테라나 루나를 김치코인이라고 바라보는 시각보다는 안정적으로 프로젝트를 잘 진행하는 글로벌 종목이라는 시선이 더 우세한 것 같습니다. 생태계 확장 상황을 보나, 시세를 보나, 투자 상황을 보나 창업자가 한국인이라는 것을 빼고는 글로벌 코인들과 다를 바가 없습니다. 내실을 잘 채워서 경쟁력을 키우면서, 동시에 브랜딩도 아주 잘한 케이스로 볼 수 있습니다.

이번에는 최고의 핫 트렌트인 디파이 토큰 가운데 꼭 알고 있어야 하는 종목으로 자주 꼽히는 테라와 루나에 대해 살펴보겠습니다.

• 베이직 체크포인트

① 테라와 루나

테라는 블록체인을 활용한 결제 시스템을 다양한 이커머스 플랫폼에 제공하는 글로벌 블록체인 핀테크 기업입니다. 테라 프로토콜에는 스테이블코인 테라와 테라의 가격 안정화를 위한 마이닝 토큰 루나가 있습니다.

기본적으로 이커머스 결제를 위해서는 가격이 안정돼야 실용성을 확보할 수 있는 만큼, 스테이블코인을 선택한 것으로 볼 수 있고, 가격 변동성이 생길 때 이를 조절하기 위해 루나 토큰을 도입해 이중 토큰 시스템을 가지고 있습니다.

테라는 티켓몬스터 창업자이자 이사회 의장인 신현성 대표와 권도형 대표가 공동 창업한 회사입니다. 테라라는 이름은 땅처럼 안정적인 가치를 가지겠다는 뜻을 가지고 있는데, 이런 걸 보면 브랜딩에서부터 스테이블코인의 의미를 담아낸 것을 느낄 수 있습니다.

테라는 처음 시작부터 시장의 큰 관심을 받았습니다. 바이낸스와 업비트, 해시드 등으로부터 360억 원의 투자를 이끌어 냈고, 바이낸스랩, 오케이이엑스, 후오비캐피탈, 두나무 등 글로벌 가상화폐 시장에서 나름의 브랜드 가치가 있는 다양한 기업들이 투자를 했습니다.

② 테라와 차이(CHAI)

테라가 국내 소비자로부터 주목을 받기 시작한 것은 2019년 간편결제 솔루션 차이와 손을 잡은 때부터였습니다. 테라는 차이를 운영하는 차이 코퍼레이션과 전략적 파트너십을 했는데, 테라는 이커머스 파트너들이 차이와 연동될 수 있도록 도와주고, 차이는 테라 블록체인 기술을 활용하는 방식입니다.

신현성 대표는 티켓몬스터를 통해서 이미 국내 이커머스 시장에서 의미있는 성과를 거뒀고 상당한 네트워크를 가지고 있기 때문에 시장 확장을 원하는 차이로서도, 이를 활용할 수 있는 테라로서도 서로 윈윈할 수 있는 파트너십으로 평가받았습니다.

결과는 대체로 성공적이었다는 평을 이끌어냈습니다. 차이는 신현성 대표가 창업한 티켓몬스터의 결제수단 가운데 하나로 추가됐고, 이후, 야놀자 배달의민족 등 국내에서 상징적 의미를 지니고 있는 이커머스 애플리케이션들에서도 사용할 수 있게 됐습니다. 이들 기업들은 모두 테라와 제휴를 맺은 테라 얼라이언스 가입 기업들이라는 점에서 차이는 테라와의 파트너십 효과를 십분 활용할 수 있었습니다.

• 이슈 체크포인트

| 루나 시세 급등 |

2021년 하반기 루나의 시세가 급등한 여러 이유 가운데 하나로는 테라 생태계의 확장과 이에 대한 긍정적인 전망이 한몫을 했습니다. 특히,

2021년 7월 테라 블록체인을 개발하는 테라폼 랩스가 1억5천만 달러, 우리돈으로 1800억 원 정도 투자를 유치했는데, 이 투자금이 테라 생태계 확장을 위해, 생태계 시스템 프로젝트 지원 자금으로 활용될 것으로 알려지면서 시장의 주목을 받았습니다.

테라는 현재 미국 달러와, 유로화, 캐나다 달러화 등 전세계 10여개 피아트 통화에 대해 안정적인 코인 지원을 하고 있다는 평을 받고 있습니다. 특히, 스테이블 코인 USDT를 발행하기 위한 담보로 이더를 추가한다는 방침은 테라 생태계의 추가적인 확대에 기여할 수 있다는 평을 이끌어냈습니다. 테라 생태계의 규모가 확대되고 활용도가 늘어나면 테라의 네이티브 코인인 루나의 가치 역시 상승할 수밖에 없게 됩니다.

또, 새로운 USDT를 만들기 위해 일정량의 루나를 소각하도록 한 토크노믹스도 최근 루나의 가격 상승 원인 가운데 하나로 꼽힙니다. 테라의 가격 안정을 위해 루나가 활용되는 매커니즘은 생각보다 단순합니다. 테라는 스테이블코인으로서 가격 안정성이 가장 중요합니다. 특히, 이커머스 결제 시스템에 지원되기 때문에 변동성이 클 경우 안정적인 실용성을 확보하기 어려운 측면이 존재합니다. 그래서, 도입한 것이 마이닝 토큰, 루나입니다.

예를 들어 테라 가격이 고정된 가격보다 낮을 때, 루나를 추가로 주면서 테라를 초과 구매하도록 인센티브를 부여합니다. 테라를 통해 얻은 루나를 시장에 매각해서 수익을 얻을 수 있고, 이 과정에서 테라는 고정 가격으로 돌아가게 됩니다.

테라는 블록체인 기술을 활용해 불필요한 중개인 없는 결제를 안전하고 빠르게 제공합니다. 중개인이 사라지기 때문에 기존에는 2~3% 정도에 달하는 결세 수수료를 최대 0.5%까지 낮춰서 소상공인이나 이커머스 플랫폼의 부담을 덜어줍니다. 기존에 카드사, 결제지원 플랫폼 등 중개인이 가져간 부분들이 사라지게 되는 것으로, 중앙화된 결제시스템의 단점이 탈중앙화된 디파이 결제시스템을 통해 해결된 것으로도 볼 수 있습니다. 독자적인 메인넷 콜럼버스를 구축해 놓은 상태이기 때문에 별도 플랫폼 비용도 발생하지 않습니다.

| 테라의 원대한 야심? |

테라 플랫폼은 테라 발행을 통해 기존의 중앙은행과 같은 역할을 하는 것으로 볼 수 있는데, 스테이블코인 테라의 통화량이 늘어날 수록 흔히 화폐발행국이 누리는 경제적 이익인 시뇨리지가 발생하게 됩니다. 일종의 추가 수익이 생기는 것인데, 이 추가 수익을 소비자에게 할인 형태로 돌려주면서 계속해서 테라 경제가 성장할 수 있는 선순환 구조를 만들 수 있습니다.

테라 결제 시스템에서 5~10% 정도의 할인이 제공되는 것은 누군가 부담을 통해 손해보는 구조에서 발생하는 것이 아니라, 추가 수익을 활용해 소비자에게 이득을 주는 구조를 만드는 것으로 볼 수 있습니다. 전체적인 틀에서 기존의 중앙화된 플랫폼을 빼고 판매점과 소비자 등 모든 플레이어들이 기존보다 더 큰 이익을 탈중앙화 금융을 통해서 얻을 수 있는 것입니다.

테라 결제 디앱의 빠른 초당 거래량도 강점으로 꼽을 수 있습니다. 테라는 테스트넷 당시에도 메인넷 콜럼버스의 초당 거래량 7000tps를 보여주면서 주목을 받았는데, 비자의 평균 초당 거래량 24000tps와 비교했을 때는 모자라지만, 테스트넷 당시의 속도였다는 점을 고려하면 나름의 경쟁력을 갖추고 있다는 점을 확인할 수 있습니다.

테라를 이야기할 때 빠지지 않는 것이 아토믹 스왑 기능입니다. 테라의 메인넷은 테라의 여러 스테이블코인들이 거래소를 거치지 않고 직접 교환되는 아토믹 스왑 기능을 지원합니다. 각 스테이블 코인 사이에 원활한 자본 흐름을 가능하게 한 것인데, 여러 지역에서 사용되는 테라코인들을 거시 경제적 차원에서 통합하는 동시에 외환과 국가간 결제 효용성을 크게 높여주는 부분입니다.

테라 생태계가 지금보다 더 크게 확장됐을 때 아토믹 스왑 기능은 다양한 통화에 페깅된 테라 스테이블 코인들이 어디서나 자유롭게 결제되는 글로벌 경제 시스템 구축이 가능해 집니다. 이는 테라 얼라이언스 파트너들로서도 큰 장점이 될 수 있는데, 글로벌 무대에 설 수 있는 기회를 별도의 노력이나 비용 없이 경험할 수도 있기 때문입니다. 테라에 우호적인 관점을 전제로 전망을 하자면 말 그대로 돈을 혁신하려는 야심이 프로젝트 전반에 깔려있다고도 볼 수 있습니다.

| 루나, 메이저급 코인 위상 확보 |

테라의 이런 생태계 확장 전략이 구체화되고 이를 근서로 시장의 호평을 이끌어내면서 테라와 쌍을 이루는 루나는 엄청난 시세 상승을 경험했습니다. 2021년 7월 말까지만해도 5달러 대에서 거래가 됐던 루나는 한 달 내내 급격한 시세 상승을 경험하면서 2021년 10월 현재 40달러 전후에 시세가 형성돼 있습니다. 이같은 시세 폭등으로 루나는 시가총액 170억 달러 규모로 전체 랭킹 12위입니다. 사상 최고가를 기록하고 있는 상태여서 올라도 너무 오른 것 아니냐, 이런 말이 나올 정도였습니다.

스테이블코인 테라의 경우에는 시가총액 27억 달러로 전체 스테이블코인 마켓에서 시가총액 5위에 랭킹돼 있습니다. 미국 달러화와 1:1로 페깅돼 있는 테더와 바이낸스 USD 등이 1달러에 조금 못미치는 것으로 나타나 있지만, 테라 USD는 정확히 1달러에 가격이 맞춰져 있습니다. 스테이블코인으로서 상당히 스테이블하게 가격을 유지하고 있는 것으로 볼 수 있는 부분입니다.

| 테라 vs 미국 SEC, 제2의 리플 사태? |

테라가 미국 SEC의 타깃이 되면서 업계 안팎의 주목도를 높이고 있습니다. 소송 이슈가 어떻게 흘러가느냐에 따라 테라 프로젝트의 방향성에도 적잖은 영향을 미칠 것으로 보입니다. 테라와 SEC의 소송전이 공론화된 것은 테라 운영사인 테라폼랩스가 정식 소송 돌입 상황을 밝혔기 때문입니다. SEC가 권도형 공동대표에서 소환장을 발부했고, 이게 부당하다고 맞서면서 소송전이 시작된 것입니다.

현재 SEC가 문제삼고 있는 부분은 테라가 제공하고 있는 미러 프로토콜과 스테이블코인 UST입니다. 미러 프로토콜의 합성자산 투자를 문제삼으면서 증권법 위반으로 테라와 권 대표에 대해서 법적 조치를 취하겠다는 것입니다.

합성자산은 금융시장에서 거래되는 주식과 ETF 등의 가격을 따르는 가상의 대상을 의미합니다. 블록체인 위에서 합성자산을 만들고, 스테이블 코인으로 이걸 매매하는 방식입니다. 예를 들면 구글 주가를 추종하는 ETF 같은 상품을 블록체인 위에서 만들어 매매하는 방식입니다. 미러 프로토콜은 합성 자산의 생성과 매매가 가능하도록 프로그램화돼 있습니다.

이번 사건이 제2의 리플 사건에 견줄 정도로 관심을 받는 것은 자세히 들여다보면 이번에도 SEC의 방식이 상식을 넘어서는 부분들이 존재하기 때문입니다. SEC가 테라 권도형 대표에게 참고인 조사를 받으라고 이메일을 보낸 것은 2021년 5월 24일입니다. 5월 27일 테라와 권 대표는 변호인을 선임해 SEC과 인터뷰 하겠다는 의사를 전했고, 7월 8일 권 대표는 변호인 2명과 함께 5시간에 걸쳐 SEC와 화상 인터뷰를 진행했습니다.

이후 SEC는 테라 측에 관련 문서 제공을 요청했다고 하는데, 너무 광범위 하거나 존재하지 않는 자료도 존재했다고 합니다. 9월 15일, SEC는 테락 측에 법적 조치를 예고하기 시작했습니다. 그리고 이틀 뒤, 테라는 변호인을 통해 SEC에 중재안 제공 의사를 전달합니다.

그런데 9월 20일, SEC는 뉴욕에서 열린 메인넷 2021행사장에서 민간 서비스업체를 통해 권 대표에게 공개적으로 소환장을 전달합니다. 이 상황만 놓고 봐도 상식적으로 이해가 되지 않는 부분들이 존재합니다.

먼저 한국 시민권자인 권도형 대표에게 미국 금융당국 SEC가 증언을 사실상 강요한 것을 비롯해 SEC가 자체 규정을 무시하고 외주 서비스 업체를 통해 공공장소에서 소환장을 전달한 것도 문제점으로 거론됩니다. 테라 측은 SEC가 비밀로 수행해야 하는 공식 조사 명령을 위반했다고 반발하고 있습니다. 대중이 보는 앞에서 소환장이 전달되면서 SEC가 테라를 조사하고 있다는 점이 만천하에 공개됐다는 것입니다. 통상 SEC의 조사 대상이 됐다는 점만 알려져도 회사와 프로젝트에는 직격타로 작용할 수도 있는데, 대체 그 이유가 이해되지 않지만, 사실상 공개적으로 망신을 준 것으로도 볼 수 있습니다.

이렇게 시작부터 SEC의 행동 방식이 상식을 넘어서면서 이번 사건은 제2의 리플 사건으로 비화하고 있는 모습입니다. 암호화폐 산업에 대한 감독권 강화를 목표로 하는 SEC와 암호화폐 진영 간의 대리전이 될 가능성이 존재한다는 것입니다.

SEC 소송 이슈와 관련해 소송의 당사자가 된 권도형 대표는 야후 파이낸스와의 인터뷰에서 SEC의 이해가 부족하다는 점을 공개적으로 꼬집기도 했습니다. 중앙화된 기관의 관점에서 탈중앙화 프로젝트 자체에 대해서 이해를 하지 못하고 있다는 것입니다. 권 대표는 인터뷰에서 "우리가 출시한 프로젝트는 하나의 제품이고 이게 출시되면 소유권을 포함해 온전히 커뮤니티로 넘겨지게 된다. 완전히 탈중앙화되는 것이다. 이용자들을 통해 성장을 하는 프로젝트에 제작자인 우리가 할 수 있는 것은 아무것도 없다"라고 밝혔습니다. 그러면서, "암호화폐 산업을 통해 뭔가 새로운 것이 탄생할 때 기존의 규제 틀과 호환되지 않을 수 있다. 약간의 갈등이 동반될 수 있지만, 대화와 교류를 통해 혁신을 수용하는 틀이 구축될 수 있고, 이 절차에 기꺼이 참여할 것이다"라고 강조했습니다.

테라와 SEC의 소송이 리플 사건처럼 장기간 법정 공방으로 이어질지 아니면 테더 이슈처럼 적절한 수준에서 벌금으로 마무리가 될지는 아직 예단하기 어렵습니다. 다만, 구체적인 규제의 기준과 틀을 제시하지 않고 여전히 '단일 소송을 통한 규제' 이런 방식에만 몰입하고 있는 SEC의 모습은 어쩌면 결국에는 자충수가 될 수도 있지 않을까 그런 생각이 들기도 합니다.

사실 테라 프로젝트는 엄청 원대한 야심이 담겨 있는 프로젝트입니다. 세계 경제의 결제 시스템을 통합하려는 목표를 가지고 있기 때문입니다. 과연 테더를 비롯한 상위 스테이블코인들이 포진해 있는 지금의 상황에서 테라가 어떤 위치를 차지하게 될지 사뭇 궁금한 지점입니다. 특히, 프로젝트가 순항하던 상황에서 갑자기 딴지를 걸면서 등장한 미국 SEC와의 소송 이슈가 어떤 방식으로 펼쳐낼지, 테라는 어떻게 이번 이슈를 대응하며 극복할지도 관심 포인트입니다.

09

솔라나 / 아발란체

2021년 하반기 암호화폐 시장에서 가장 주목받은 종목들은 아주 단순화시키면 디파이 아니면 NFT라고 해도 과언이 아닙니다. 공교롭게도 두 가지 영역 모두 이더리움 생태계가 주축이다 보니, 이더리움에 대한 관심 역시 커플링된 모습을 보이고 있습니다. 디파이 생태계가 이더리움 중심으로 구축돼 있고 가장 강력한 시스템적인 강점을 보여주고 있는 것이 엄연한 현실이지만, 이더리움에 도전장을 내밀고 있는 플랫폼 프로젝트들의 선전 역시 상당한 상황입니다.

가장 대표적으로는 시총 10위 권에 이름을 올린 솔라나와 아발란체 등을 꼽을 수 있습니다. 이번 파트에서는 '이더리움 킬러'로 역할을 하겠다는 나름의 포부를 가지고 있는 솔라나와 아발란체에 대해서 짚어보겠습니다.

• 솔라나

2021년 7월 말까지만 해도 솔라나는 24달러 수준에서 거래가 됐습니다. 2021년 10월 말 솔라나는 210달러 수준에서 거래가 이뤄지고 있습니다. 폭발적인 급등의 상징으로 자리잡으면서 시가총액 6위로 이름을 올렸습니다. '이더리움 킬러'라는 별명을 입증이라도 하듯이 이더리움 디파이의 상징인 유니스왑도 시원하게 밀어내 버렸습니다. 불과 몇 달 전에는 상상이 안 됐던 일들이 현실에서 벌어졌던 것입니다.

솔라나의 가장 큰 특장점은 단연 트랜잭션 처리 속도입니다. 솔라나의 경우에는 초당 처리되는 트래픽 개수인 TPS가 무려 5만에서 6만5천 TPS에 달합니다. 비자카드의 초당 24000 TPS와 비교했을 때도 무려 2배 이상의 처리속도를 자랑합니다. 비자가 1초에 2만4천 건을 처리한다면 솔라나는 최대 6만 5천 건을 처리한다는 것입니다.

비트코인이 7 TPS / 이더리움이 20 TPS / 리플이 1500 TPS / 이오스가 3000TPS 인것과 비교해봐도 월등하게 빠른 처리속도를 가진 것을 확인할 수 있습니다. 세상에서 가장 빠른 디파이라는 말이 나오는 배경입니다.

특히, 거의 무료에 가까운 수수료 체계를 가지고 있다 보니 디파이와 NFT를 이용하는 사람들은 물론, 개발자들 사이에서도 관심이 클 수밖에 없습니다. 솔라나의 거래 수수료가 0.0002달러 전후로 거의 무료에 가깝다는 점은 비싼 수수료가 단점으로 꼽히는 이더리움과 비교했을 때 엄청난 장점일 수밖에 없습니다. 이더리움 프로젝트가 솔라나로 이사가는 경우가 발생하는 아주 현실적인 매력이 존재하는 것입니다.

| 진정한 이더리움 킬러? |

그렇다면 솔라나는 진정한 이더리움 킬러가 될 수 있을까? 아직 단언하기는 어려운 몇 가지 상황들이 존재합니다. 솔라나의 엄청난 처리 속도와 경쟁력 있는 수수료가 주목도를 높이는 것은 엄연한 사실이지만, 노드 수가 1300개 수준으로 이더리움에 비해서 굉장히 낮은 편이기 때문에 빠른 트랜잭션 처리가 가능한 것이라는 분석도 존재합니다. 노드 수가 적사는 것은 참여자 수가 그만큼 적다는 것을 의미합니다. 그렇기 때문에 빠른 처리가 가능하다는 것으로 앞으로 참여자 수가 늘어났을 때 이런 매력도가 유지될지는 아직 단언하기 어렵다는 것입니다. 쉽게 예로 들자면, 대형마트에서는 계산하기 위해서 한참 기다려야 할 때가 있지만, 집 근처 편의점에서는 이런 기다림 없이 결제가 가능한 상황을 떠올려 볼 수 있을 것 같습니다.

또 하나는 아직 디파이 예치금 사이즈를 봤을 때 이더리움과는 비교대상이 아니라는 분석도 존재합니다. 현재 솔라나에는 1억 달러 이상이 예치된 디파이 프로젝트가 5개가 있는데, 이더리움의 경우에는 이 정도 수준의 디파이 프로젝트가 현재 60개가 넘는 것으로 추산되고 있습니다.

이에 대해서 온체인 데이터 분석 기업 글래스노드는 솔라나는 확장이 필요한 프로젝트에 분명히 매력적인 대안을 제시하지만, 전체 유동성 측면에서 볼 때는 이더리움과의 경쟁에 나설 정도의 수준이 아니라고 평가했습니다. 솔라나의 한계이자 이더리움의 현재 위상이 어느 정도인지를 짐작해볼 수 있는 부분이기도 합니다.

• 아발란체

시가총액 20위 규모로 성장한 아발란체 역시 디파이 플랫폼으로서의 주목도를 높이고 있습니다. 아발란체는 기존 블록체인 네트워크의 속도와 확장성을 개선한 합의 프로토콜인데, 처음부터 디파이를 핵심 포커스로 제시한 프로젝트였습니다.

아발란체의 개발사 아바랩스는 "디파이는 아발란체 프로젝트의 핵심 포커스 분야 가운데 하나라면서 이더리움 네트워크의 주요 문제들을 해결한 것이다"라고 밝히기도 했습니다.

아발란체의 가장 눈에 띄는 특성은 역시 처리 속도입니다. 초당 처리 속도가 4500TPS 수준으로 이더리움과 비교했을 때 훨씬 빠른 수준입니다. 아바랩스 측은 이에 대해 "아발란체 네트워크는 참여 가능한 블록 생성 검증자 수에 제한이 없다. 2000개의 전체 검증 노드가 성능이 떨어지지 않는지 시험해봤다. 확장성 측면으로 보면 가능성은 무한하다"라고 자평하기도 했습니다.

최근 아발란체 재단은 디파이 유동성 마이닝 사용자를 대상으로 인센티브 프로그램 아발란체 러쉬를 실시한다고 밝히면서 주목받았습니다. 1억8천만 달러, 우리돈으로 2천억 원 넘는 규모의 보상 프로그램을 추진하겠다는 것인데 목적은 간단합니다. 아발란체 생태계 시스템에 디파이 유저와 프로젝트, 암호화폐를 끌어들이는 생태계 확장이 목적입니다. 이를 위해 아발란체 재단은 커브 사용자에게 2700만 달러를 할당했고, 이후 아발란체의 디파이 프로젝트에서 유동성이 기하급수적으로 증가했습니다.

이에 대해서 글래스노드는 아발란체 프로젝트는 이더리움의 기존 프로젝트의 복제품이라는 평가가 여전히 존재하고, 최근의 성장은 인센티브로 인한 것으로 장기간 지속되지 않을 수도 있다고 분석했습니다. 글래스노드의 관점에서 아발란체 역시 아직 디파이의 절대강자인 이더리움과 경쟁할 수준은 아니라고 바라보는 것을 느낄 수 있습니다.

| 디파이, 기대와 우려 사이 |

이런저런 관점의 차이가 있을 수 있지만 현재 블록체인 산업에서 디파이는 NFT와 더불어 가장 관심도가 뜨거운 분야입니다. 솔라나와 아발란체가 아직 이더리움과 맞짱 뜰 정도는 아니지만, 단기간에 상당히 의미있는 성장세를 보여준 것은 부인하기 어렵습니다.

특히, 에이다 카르다노가 스마트 컨트랙트를 구현하는 알론조 하드포크를 성공적으로 런칭하게 되면서 꽤나 잠재력이 있는 이더리움 도전자가 등장하는 것으로 볼 수 있고, 에이다 역시 디파이 생태계 강화에 주력할 수밖에 없을 것이라는 점을 생각해 볼 수 있습니다. 어찌됐든 디파이 생태계는 시간이 갈 수록 사이즈를 키워가고 있기 때문입니다.

2021년 8월 시장 분석업체 메사리가 발표한 자료를 보면 상위 10개 디파이 토큰 대부분은 지난 30일 동안 20% 이상의 가격 상승을 보였습니다. 이 기간 동안 아발란치는 무려 400% 이상 급등했고 솔라나도 350%의 시세를 받았습니다. 상황이 이렇다보니, 디파이 프로토콜에 예치된 자금 총액 TVL이 1570억 달러가 넘어선 것으로 나타났습니다.

지난 2021년 5월 비트코인과 이더리움이 최고가를 기록했던 때 디파이 TVL은 1540억 달러까지 증가하기도 했습니다. 하지만, 최근에는 비트코인과 이더리움이 상대적으로 부진한 가운데 디파이 TVL이 급증한 것으로 나타나면서 대장들의 도움 없이도 디파이 시장이 강하게 성장할 수 있다는 것으로 평가받고 있습니다

디파이 시장은 시간이 갈 수록 커지고 있지만, 아직 투자자 보호 이슈는 뜨거운 감자로 남아 있습니다. 특히 최근 폴리 네트워크가 6억 달러, 6900억 수준의 해킹 피해를 본 것으로 나타나면서 우려를 키우기도 했습니다. 외신 보도를 보면 폴리 네트워크는 해커들이 시스템의 취약점을 공격해 암호화폐 수천 개를 탈취한 것으로 전해졌습니다. 해킹 규모만 놓고 봤을 때 과거 세계 최대 가상화폐 거래소였던 마운틴곡스에 대한 해킹과 견줄만한 수준으로, 6억 달러 피해 규모는 디파이에 대한 해킹으로는 사상 최대 규모로 평가받고 있습니다.

이런 상황에서 미국 SEC가 디파이 규제 가능성을 공개적으로 언급하고, 디파이 불법 행위와 관련해 추적 시스템을 구축한 것은 눈여겨볼 필요가 있어 보입니다. 최근 개리 겐슬러 위원장은 디파이가 현재 미국에서 완전히 규제되지 않고 있지만 일부 형태는 SEC의 감독 대상이 될만한 특성이 있다고 밝힌바 있습니다. 참가자들에게 디지털 토큰이나 인센티브를 주는 행위는 규제 대상이 될 수 있다는 것입니다.

특히 SEC는 이미 2021년 5월부터 디파이 금융 감시 작업을 본격화한 것으로 나타났습니다. 블록체인 업체와 연간 12만5천 달러, 5년 동안 62만5천 달러 규모의 외주 계약을 맺고 암호화폐 거래소와 디파이 프로

토콜의 부정행위를 추적하는 작업에 착수한 것입니다. 결과적으로 타임 테이블을 맞춰보면 겐슬러 위원장은 이미 이런 시스템을 가동한 뒤에 디파이 규제 가능성을 언급한 것이어서 다소 능구렁이스러운 측면을 보여준 것이라는 평을 받기도 했습니다.

어쨌든 탈중앙화 금융 디파이(Defi)는 가장 뜨거운 관심을 받는 암호화폐 트렌드이자 분야입니다. 아직 초기 단계이기 때문에 부작용도 있고, 우려도 있고, 규제 기준이 모호한 것도 사실입니다. 초기라서 불안한 측면이 있지만, 그래서 기회의 측면으로 작용할 수도 있는 부분이 아닐까 생각합니다. 가장 상징적인 블록체인 혁신의 의미를 가지고 있다는 점도 참고하시면 좋을 것 같습니다.

10

라이트코인

2021년 9월 14일, 갑자기 라이트코인이 야밤에 엄청난 시세를 받는 일이 벌어졌습니다. 다소 뜬금포로 느껴질 정도로 난데없이 순간적으로 30%나 급등하면서 폭등양상을 보였기 때문입니다. 월마트가 라이트코인 결제를 지원한다는 소식이 전해지면서, 시장에 한 바탕 난리가 났던 것입니다.

물론, 해당 뉴스는 가짜뉴스로 판명됐습니다. 거의 실시간으로 월마트가 직접 가짜뉴스 입장을 공식 확인하면서 라이트코인은 순간적으로 폭락도 함께 경험해야 했습니다. 불과 몇 시간 사이 엄청난 변동폭으로 시세 널뛰기를 한 것입니다.

당시 가짜 뉴스로 판명되긴했지만 동시에 이런 말도 나왔습니다. 다른 코인 프로젝트가 아니라 라이트코인이라서 어느 정도의 신빙성이 더해졌다는 것입니다. 물론, 홀더들이 퍼뜨리는 얘기일 수도 있지만, 비트코인에서 처음으로 하드포크된 프로젝트이자, 최초의 라이트닝네트워크 적용 플랫폼이라는 것을 고려해보면 어느 정도 수긍할만한 부분도 존재하는 것 같습니다. 그만큼 펀더멘털은 탄탄하고, 미래 가치 역시 기대되는 프로젝트이기 때문 아닐까, 개인적으로는 생각합니다.

라이트코인은 처음 세상에 등장할 때부터 비트코인의 단점을 극복하겠다는 점을 밝혔습니다. 특히 소규모 결제에 유리한 특징들이 존재하기 때문에 지금보다 암호화폐 사용이 더 대중화될 경우에는 상당한 저력을 발휘할 것으로 기대되는 종목이기도 합니다. 월마트 결제 이슈가 더 그럴싸하게 다가왔던 것은 소규모 결제에 적합하다는 평가를 받아온 라이트코인과 꽤 잘어울리는 조합으로 비쳐졌기 때문으로도 볼 수 있습니다.

• 베이직 체크포인트

① 비트코인의 첫 하드포크

라이트코인은 비트코인에서 하드포크된 첫 알트코인입니다. 도지코인을 비롯해 비트코인에서 포크된 코인들이 여럿 있지만, 그 가운데 가문에서는 비트코인 다음의 큰 형님에 해당하는 위상을 가지고 있습니다. 아인스테이니움과 페더코인, 라이트코인 캐시 등은 라이트코인 뿌리를 두고 있습니다.

라이트코인은 비트코인의 단점 보완을 목표로 설계된 비트코인의 업그레이드 버전입니다. 비트코인을 기반으로 더 가볍고, 그래서 더 빠르게 거래를 처리할 수 있는 것을 1차적인 지향점으로 설정해 놓은 프로젝트입니다. 지금은 비트코인이 디지털 금, 이더리움을 디지털 은이라고 부르지만, 초창기에 디지털 은으로 불렸던 것은 다름 아닌 라이트코인이었습니다.

② 라이트코인 창시자, 찰리 리

라이트코인의 창시자는 찰리 리입니다. MIT에서 컴퓨터과학을 공부했고, 구글에서 소프트웨어 엔지니어로 일했습니다. 그는 2011년 비트코인의 개념을 처음 접하게 됐는데 당시 비트코인의 단점을 간파하고, 이를 개선하기 위한 작업에 돌입하게 됩니다.

이 때 페어브릭스라는 암호화폐를 처음으로 만들었는데 소프트웨어 버그로 인해 실패작이 됩니다. 그리고, 두 번째로 만든 암호화폐가 바로 라이트코인입니다. 구글의 일개 직원이었던 그가 라이트코인의 창시자로 거듭나는 순간이었습니다.

찰리 리의 형은 중국 최초 암호화폐 거래소 비티씨씨(BTCC)의 설립자인 바비 리입니다. 바비 찰리 형제는 그래서 암호화폐 시장에서 상당히 선구적인 인물이자 입김 좀 발휘할 수 있는 셀럽 이미지로 자리를 잡게 됐습니다.

③ 라이트코인 핵심 특징

라이트코인은 오프체인 거래를 하기 때문에 채굴자에게 수수료를 주지 않아도 되기 때문에 수수료는 사실상 제로에 가깝습니다. 이 역시 비트코인과 비교했을 때 상당한 매력 포인트로 지목되는 부분입니다. 소규모 결제에 적합한 암호화폐라는 말은 그래서 나오는 것으로 볼 수 있습니다. 월마트 가짜 뉴스가 진짜 뉴스처럼 여겨졌던 것은 라이트코인의 이런 특징에 기인한다고 볼 수 있습니다.

라이트코인은 비트코인에서 파생됐지만 일단 발행량이 크게 차이가 납니다. 찰리 리는 암호화폐가 수량이 적어서 가격이 상승하는 것을 막기 위해 채굴량을 비트코인의 4배로 늘렸습니다. 이미 태생부터 급격한 인플레이션을 막을 수 있는 준비 장치가 마련돼 있는 것입니다.

비트코인의 블록 생성 시간이 10분 정도인데, 라이트코인은 2.5분마다 새 블록을 생성합니다. 더 많은 거래량을 더 빨리 처리하는 특성은 그렇게 생기게 됐습니다. 초기 암호화폐 중에서는 엄청 빠른 편에 속하지만, 리플, 솔라나 등과 비교하면 처리 속도가 눈에 띄게 빠른 수준은 아니라고 할 수 있습니다.

• 이슈 체크포인트

① 라이트코인 & 라이트닝 네트워크

찰리 리가 라이트코인을 개발하면서 우선 집중한 부분은 거래 속도입니다. 비트코인은 최초의 암호화폐라는 어마어마한 상징성을 가지고 있지만, 실용적인 유틸리티적인 측면에서는 늘상 단점이 우선적으로 거론됐습니다. 비트코인 네트워크의 거래량이 늘어날수록 속도가 느려지는 점이 가장 치명적인 단점으로 거론됐고 거래량이 늘수록 비싼 수수료 이슈 부분도 문제점으로 지목됐습니다.

찰리 리는 요즘 뜨거운 관심을 받고 있는 라이트닝 네트워크를 도입해서 모든 거래 내용은 오프체인인 라이트닝 네트워크에 기록하고, 거래의 최종 결과만 온체인에 기록하는 방식으로 속도 이슈를 해결했습니다.

라이트코인과 라이트닝 네트워크, 이름이 비슷하다보니 하나의 구성원으로 오인되는 경우도 있는데, 전혀 별개의 기술적인 프로젝트입니다.

여기서 잠시 라이트닝 네트워크에 대해서 간단히 짚어보겠습니다. 라이트닝 네트워크는 비트코인의 느린 처리 속도를 해결하고 번개처럼 빠른 속도를 구현하기 위해 고안된 프로젝트입니다. 라이트닝 네트워크는 개별 거래를 별도 채널에서 처리한 뒤 그 결과만 블록체인에 기록하는 방식으로 작동합니다. 거래 기록 과정을 라이트하게 만들면서 빛의 속도로 라이트닝하게 처리할 수 있게 한 것입니다. 라이트코인은 바로 이런 장점을 가진 라이트닝 네트워크를 처음 도입한 플랫폼인 셈입니다.

라이트닝 네트워크는 잭 도시 트위터 CEO의 언급으로도 주목받기도 했습니다. 잭 도시는 트위터에 라이트닝 네트워크 적용과 관련해 "이런 일이 사실이 되는 것은 단지 시간 문제"라고 밝히면서 라이트닝 네트워크를 통해 트위터에서 비트코인 결제를 가능하게 할 것이라는 의지를 분명하게 내비쳤습니다. 그리고 얼마 뒤, 실제로 트위터에서는 라이트닝 네트워크를 활용해 크리에이터에게 비트코인으로 팁(Tip)을 줄 수 있는 기능이 도입됐습니다. 전 세계 하루 이용자 2억 명이 트위터 공간 안에서 편리하고 빠르게 비트코인을 주고 받을 수 있게 된 것입니다.

비트코인을 법정화폐로 도입한 엘살바도르의 암호화폐 지갑 치보 역시 라이트닝 네트워크 기술을 이용합니다. 많은 사람들이 쉽고 빠르게 사용할 수 있게 하는 기본 판을 깔기 위해서 라이트닝 네트워크를 적용한 것으로 이해할 수 있는 부분입니다. 정리하면, 암호화폐의 실용적 사용성을 증대시키는데 라이트닝 네트워크가 결정적인 역할을 하고 있는 것인데, 이걸 가장 적극적으로 첫 도입한 게 라이트코인입니다.

② 라이트코인 & 아토믹 스왑

라이트코인은 거래소를 거치지 않아도 비트코인 등 다른 비트코인 계열 코인들과 즉각적으로 교환이 가능합니다. 이른바 아토믹 스왑 기능입니다. 보통 아토믹 스왑은 탈중앙화를 위한 마지막 단계로 거론되기도 하는데, 비트코인은 물론 라이트코인, 비트코인캐시 등 비트코인 계열 코인들은 아토믹 스왑이 가능합니다.

③ 라이트코인 & 그레이스케일

라이트코인은 세력이 좋아하는 코인으로도 거론됩니다. 바로 그레이스케일이 157만 개의 LTC를 보유하고 있기 때문입니다. 라이트코인이 장기투자 종목으로 자주 거론되는데는 그레이스케일의 투자 역시 한몫했다고 볼 수 있습니다. 특히, 라이트코인 보유량을 꾸준히 늘려왔다는 점도 참고할 만한 부분입니다.

배리 실버트가 단순히 세계 최대규모의 암호화폐 자산 운용사를 설립했다는 이유라기 보다, 사실상 암호화폐 업계의 큰 그림을 설계한다는 말이 나올 정도로 파급력 있는 인물로 인식된다는 점에서 그레이스케일의 포트폴리오는 여전히 관심의 대상이 되고 있는 것 같습니다. 일각에서는 이제 그레이스케일 포트폴리오를 참고하기에는 'old-fashioned'됐다는 말이 나오기도 하지만, 배리 실버트의 이름값이 여전하다는 점에서 그레이스케일이 라이트코인 보유량을 꾸준히 늘려왔다는 점은 투자 결정을 할 때 결코 간과할 수 있는 부분은 아니라고 개인적으로는 생각합니다.

④ 라이트코인 & 페이먼트 토큰

라이트코인은 소규모 결제에 적합한 장점을 잘 갖춘 코인입니다. 그렇다 보니 하필 가짜뉴스의 주인공이 되어도 월마트와 함께 이름을 올리는 영예(?)를 갖게 된 것인지도 모릅니다. 라이트코인의 페이먼트 토큰으로서의 로드맵은 이미 오랜 전부터 설정이 됐던 것으로 보입니다.

라이트코인이 2018년 2월 크게 주목받는 이슈가 생겼는데, 바로 라이트코인 기반 결제 시스템 구축 소식이 전해지면서 시세가 2배 이상 폭등했습니다. 이른바 라이트페이입니다. 하지만, 이게 결국에는 무기한 연기되면서 라이트코인도, 라이트코인재단도 엄청난 비판을 받았습니다.

하지만, 2021년 페이팔이 비트코인과 이더리움, 비트코인캐시와 더불어 라이트코인 결제를 허용하면서 나름 위상을 증명했습니다. 페이먼트 토큰으로서의 특징은 여전히 높은 평가를 받는다고 볼 수 있습니다. 암호화폐를 화폐로 봐야 하느냐 마느냐, 이런 고전적인 논쟁과 관련해서 적어도 라이트코인은 꽤 탄탄한 펀더멘털 특징을 가지고 있다고도 할 수 있습니다.

라이트코인은 종종 앞으로 엄청 많이 오를 코인으로 전망되는 경우가 있습니다. 물론 이런 전망의 기본 전제는 장기 투자의 경우에 해당하는 것 같습니다. 라이트코인은 비트코인 흐름에 영향을 많이 받기도 하고, 메이저급으로 상당히 무겁기 때문에 가벼운 알트 코인에 비해서 상승률이 크지 않다는 점은 시세 상승 측면에서는 단점으로 지목되기도 합니다. 혹시 라이트코인 투자를 고민하고 계시다면, 투자 성향과 비트코인의 추세 등을 면밀히 파악하신 뒤에 진입시점을 결정하시면 좋을 것 같습니다. 워낙 무거워서 시세가 쉽게 큰 움직임을 보이지 않는다는 점 참고하시면 좋겠습니다.

11

비체인

블록체인이나 가상화폐가 혁신적인 미래적 기술로 평가받고 있습니다. 하지만, 여전히 적잖은 사람들이 실체가 불분명하다는 이유로 근거없는 저평가를 하는 경우도 존재합니다. 비트코인은 돌덩이만도 못하다, 숫자 코드에 불과하다, 이런 비판들은 잊을만 하면 한 번씩 접할 수 있습니다.

물론 블록체인 가상화폐 프로젝트들 가운데 아직 실생활에서 체감할 수 있는 유의미한 결과를 내놓지 못한 프로젝트들도 많습니다. 가장 대표적으로는 에이다, 카르다노가 아닐까 싶습니다. 이제 막 스마트 컨트랙트 구현이 가능해지게 되는 상황이 펼쳐졌지만, 그 어마어마한 로드맵과 이를 향해 나아가는 여정에 꽤나 많은 사람들은 열광하고 응원하고 있습니다. 비전과 가능성을 바라보고 있는 것입니다.

이런 측면에서 바라보면 사실 비체인은 굉장히 의미있는 프로젝트라고 볼 수 있지 않을까 생각됩니다. 이미 실생활에 블록체인을 활용한 혁명을 이뤄내고 있고, 수많은 글로벌 기업들이 비체인 블록체인을 통해 과거에 해결하지 못했던 문제들을 해결하고 있습니다. 실체가 있는 프로젝트, 이미 엄청난 경제적 성과로 이끌어낸 프로젝트, 바로 비체인입니다.

• 베이직 체크포인트

① 비체인, 그리고 루이비통

비체인을 이야기할 때 빠지지 않는 것이 명품 이야기입니다. 전 세계적으로 위조품 시장의 규모가 계속 커지는 상황에서, 비체인은 모든 제품에 고유 아이디를 부여해 진품을 입증합니다. 해당 제품이 어떤 재료로, 어디서 누가 만들었고 어떻게 유통돼 내게로 왔는지 모든 정보가 블록체인에 기록된 정보를 통해 확인할 수 있는 것입니다.

내가 산 명품 가방의 정보가 궁금하다면 가방을 스캔해서 디자인 컨셉은 물론, 담당 디자이너, 소재, 위조 여부 등 가방과 관련된 모든 정보를 조회할 수 있습니다. 소비자는 이를 통해 제품과 제조사에 대한 신뢰도를 높일 수 있고, 제조사나 물류회사는 제품과 관련된 진품 정보를 쉽게 관리하고 통제할 수 있게 됩니다.

비체인과 명품을 이야기할 때 상징적으로 등장하는 브랜드가 바로 루이비통입니다. 비체인은 루이비통 모회사와 합작해 진품 증명 플랫폼 아우라 플랫폼을 만들기도 했습니다. 그렇다 보니, 루이비통이 반한 블록체인, 이런 표현이 등장한 것으로 볼 수 있습니다.

비체인의 이런 특징은 비단 명품 정보 추적 뿐만 아니라 주류, 농업 등 다양한 산업 분야에서 성공적으로 블록체인 솔루션을 구현해냈다는 평을 받고 있습니다. 가짜가 아무렇지 않게 진짜처럼 판치고 있는 세상에서, 진짜를 더 분명하게 보여주고 입증하는 힘, 바로 비체인의 저력이라고 할 수 있습니다.

② 비체인, 대표적 저평가 코인?

2020년 글로벌 회계 컨설팅 기업 딜로이트가 2020년 5대 블록체인 트렌드 보고서를 발표했는데, 딜로이트는 비체인이 이더리움보다 중앙화됐지만 확장성과 보안성이 뛰어나다고 평가해 주목받았습니다. 보고서는 그러면서 "블록체인의 3대 요소는 보안성과 확장성, 탈중앙화이다. 그런 점에서 비체인은 이더리움보다 더 균형 잡힌 블록체인이다"라고 호평을 내놓기도 했습니다.

이런 현실적인 장점들이 존재하기 때문에 비체인은 가장 저평가된 코인이라는 평을 받기도 합니다. 이미 블록체인을 활용해 세상에 혁신을 일구고 있지만, 그 기술적 역량이 시장에서 시세로 제대로 평가받지 못하고 있는 것입니다.

2021년 9월 6일 기준 비체인은 0.15달러 수준에서 거래가 이뤄지고 있습니다. 코인마켓캡 기준 시가총액은 98억 달러 수준으로 전체 랭킹은 22위입니다. 플립사이드크립토에서는 전체 랭킹 27위로 A등급을 받는 코인입니다.

• 이슈 체크포인트

① 비체인의 생태계 확장성

비체인은 명품을 비롯해서 수많은 분야에 블록체인 기술을 적용해 상용화시켜놓은 상태입니다. 세계최고 전문 컨설팅 회사 PwC를 비롯해 BMW, 중국 이동통신사 차이나 유니콤 르노그룹, 상하이가스, 일본 최대 이동통신사 NTT도코모 등과 파트너십을 체결했습니다. 모두 하나같이 글로벌 기업들이라는 점만 놓고 봐도 비체인의 저력을 느낄 수 있는 부분입니다. 특히, 파트너사의 면면을 보면 식품 제조 유통사를 비롯해 보험사 이동통신사 에너지기업 등 여러 종류의 기업들이 포진해 있습니다.

일례로 보험사가 비체인 블록체인을 활용하면 어떤 일이 벌어지게 되는지 짚어보겠습니다. 보험사 파트너십의 경우에는 비체인 블록체인 기술이 데이터를 수집 검증, 감사하는 역할을 하면서 시간을 단축하고, 보험료를 절감하는 것은 물론 사기를 방지하는 효과를 기대할 수 있는 것으로 전해지고 있습니다.

비체인은 디지털 콘텐츠 유통과 관련한 서비스도 제공합니다. 데이터와 콘텐츠 복제가 쉬워진 세상에서 중요 데이터의 경우 누가 어떻게 유통시켰는 지를 블록체인을 통해 추적할 수 있게 도와줍니다. 콘텐츠 도용이 아무렇지 않게 이뤄지는 요즘 블록체인의 실용적인 유틸리티적 성격을 느낄 수 있는 부분입니다. 동시에 조금 멀게 느껴질 수 있기도 한 블록체인 기술이 어떻게 우리 삶 속에 들어와 일상을 바꾸는지를 엿볼 수 있는 부분이기도 합니다.

② 비체인, 반려동물 사료 추적 시스템

비체인의 생태계는 계속해서 확대되고 있습니다. 최근에는 반려동물 산업 진출 계획을 밝히면서 주목받기도 했습니다. 중국은 잘 알려져 있듯이 식품 가공과 관련해서 대부분 부정적인 인식이 더 우세합니다. 김치를 제조하면서 포크레인으로 배추를 절이거나 알몸으로, 맨발로 배추를 짓밟는 모습은 이제는 꽤 익숙한 장면입니다.

비체인은 반려동물 사료 추적 시스템을 통해서 안전한 사료 제공에 초점을 맞추고 있는데, 특히, 중국의 반려동물 사료 산업이 우리돈으로 1조2천억 원대로 알려져 있을 정도로 대규모 시장을 형성하고 있습니다. 말 그대로 가족 구성원으로 대접받고 있는 반려동물의 먹거리를 더 명확하고 투명하게 유통시킬 수 있는 것인데, 비체인의 블록체인이 이를 가능하게 만드는 것입니다.

③ 비체인 & BMW

비체인은 2021년 BMW와 협력해 차량 데이터 위조 방지 블록체인 플랫폼을 개발하고 있는 것으로 전해져 주목받기도 했습니다. BMW는 "블록체인 기반 탈중앙화 애플리케이션 베리파이카를 통해 등록된 차량의 주행거리, 수리 기록 등 차량 관련 데이터가 실시간으로 수집된다"라고 설명했는데, 이를 통해 중고차 시장에서 차량 데이터를 위조해 판매하는 사기를 막을 수 있고 그렇게 소비자 보호가 가능해집니다. 주행거리 조작 등 중고 사기 사건이 블록체인을 통해 사전에 방지할 수 있게 되는 것입니다.

④ 비체인의 비전

내가 산 명품이 진품이 맞는지, 내가 주문한 식재료가 진짜 유기농이 맞는지, 내가 산 중고차의 주행거리가 조작되지 않았는지, 내가 받은 보험료가 정확하게 산정된 것인지, 지금 우리가 일상생활을 통해서 가질 수 있는 여러 질문들을 비체인은 하나하나 해결해 나가고 있습니다. 위에서 언급된 모든 이슈들은 모두 대부분 해결됐다는 점은 상당히 놀라운 부분으로 여겨지는 부분입니다.

물론, 코인 프로젝트들이 대체로 그렇듯이 가치와 시세가 비례관계를 갖지 않는 경우도 적지 않습니다. 비체인이 지금 저평가 됐다고 하지만, 언제 어떤 계기를 통해 시세를 받을지 예단하기는 어렵습니다.

다만, 코인계의 아마존을 꿈꾸는 코인베이스에 상장 후보군으로 올라가 있는 만큼, 비체인이 코인베이스 상장을 통한 시세 상승을 기대하는 것은 충분히 기대할 만한 부분이 아니겠느냐, 이런 분석도 존재하는 것 같습니다.

12

이오스

코인계에서 사생아라고 불리는 코인이 있습니다. 가격 폭락 이후 저점에서의 횡보를 워낙 길게 이어오다 이런 오명까지 쓰게 된 것입니다. 하지만, 펀더멘탈 측면에서는 이더리움에 대항할 수 있는 경쟁적인 요소 덕에 꽤 호의적으로 바라 보는 시선도 존재합니다.

2021년에는 안 그래도 시세가 주저앉아서 홀더들의 원성이 자자한 가운데, 뜬금없이 4년 전 ICO 과정에서 시장 조작을 벌이는 부정행위를 했을 가능성이 제기되면서 곤혹을 치르기도 했습니다. 부정행위를 했다는 것도 아니고 했을 가능성이라는 다소 이상한 수준의 의혹 제기가 이었는데, 곧바로 강하게 반박하면서 유야무야 논란이 흐지부지 됐습니다. 시세를 보나 주변 상황을 보나, 여러모로 아쉬움을 남기는 프로젝트입니다.

이더리움의 단점을 보완하면서 원조 이더리움 킬러라고 불렸던 코인, 하지만 무려 3년 넘는 시간 동안 시세를 제대로 받지 못하면서 코인계의 사생아라고 불렸던 코인, 그래도, 이제 블록체인 가상화폐 거래소의 플랫폼으로 활용되는 프로젝트, 바로 이오스입니다.

• 베이직 체크포인트

① 이오스, 원조 이더리움 킬러?

이오스를 만든 인물은 댄 라리머입니다. 댄 라리머는 스팀의 최고기술책임자에서 물러난 뒤, 블록원을 설립했고, 이오스를 만들었습니다. 댄 라리머가 처음부터 초점을 맞췄던 것은 이더리움의 단점 해결이었습니다.

고질적으로 거론되는 이더리움의 단점은 크게 2가지입니다. 하나는 이더리움이 거래비용으로 발생시키는 가스비, 즉 거래 수수료입니다. 문제는 이게 사용자들에게는 상당히 부담스러울 정도의 가격이라는 데 있습니다. 이를 테면, 10만 원 수준의 ETH를 송금하는데, 가스비가 13만 원이 나오는 식입니다. 이오스는 이오스 망 위에서 구동하는 어플리케이션 개발자가 모든 수수료를 지불하기 때문에 사용자는 비용을 내지 않습니다. 좀 더 사용자 친화적인 플랫폼으로 볼 수 있습니다.

이더리움의 또 다른 고질적인 문제로 지목됐던 것은 처리 속도였습니다. 이오스는 3초마다 블록이 생성되고, 거래가 확정되는데 45초가 걸립니다. 이더리움보다 최소 2배 이상 빠르다는 평입니다. 정리하면 이오스는 사용자가 수수료를 부담하지 않고, 처리 속도가 빠르다는 점에서 유틸리티 측면에서는 이더리움보다 우월하다는 평을 받기도 합니다.

② 이오스 시세

이처럼 펀더멘털 측면에서 장점이 뚜렷하지만, 문제는 시세 측면에서 호불호가 확실히 갈려왔다는데 있습니다. 이오스는 최근까지 코인계의 사생아라고 불렸습니다. 2018년 6월 15달러를 넘겼던 이오스는 이후 꾸준히 가격 하락을 겪으면서 무려 3년 동안 대부분 4달러 전후에서 오르내렸습니다. 이래도 되나 싶을 정도로 하락을 한 것인데, 비슷한 시기에 출범한 다른 종목들이 시세를 받을 때도 엉덩이 무거운 모습을 보이면서 좀처럼 움직임이 없어 홀더들을 답답하게 만들었습니다.

2019년 5월 8달러를 넘기면서 투자자들에게 희망을 안기기도 했지만, 얼마 못 가 다시 시세가 주저앉았습니다. 그러다 이오스가 다시 부활의 신호탄을 쏘아올린 것은 2021년 3월입니다. 이후 4월에 8달러를 넘기더니, 5월에는 급기야 15달러 돌파를 시도하면서 장기 홀더들을 설레게 만들기도 했습니다. 하지만, 비트코인이 하락세로 돌아서면서 이오스 역시 큰 충격파를 받아야 했고, 5월 들어서는 잠시 3달러대 주저앉기도 했고 그나마 9월 12일 현재 5달러 전후 수준까지 올라와 있는 상태입니다.

이오스는 가격 변동폭만 놓고보면, 3년 동안 가장 오르지 못한 종목으로 꼽히곤 합니다. 그래도 관심도가 사라지지 않고 계속해서 어느 정도의 존재감을 가지고 있었던 것은 펀더멘털 측면에서 나름의 매력 포인트가 존재했기 때문으로 볼 수 있을 것 같습니다.

③ 이오스 기본 평가

2021년 9월 12일 이오스는 코인마켓캡 기준 시가 총액 460억 달러 주순으로 전체 랭킹은 34위입니다. 2021년 5월에 한창 시세를 받아을 때는 랭킹이 24위 정도까지 올랐었는데, 비트코인 폭락 이후 꽤나 시총 사이즈가 줄어든 것을 확인할 수 있는 부분입니다. 플립사이드 크립토에서는 A 등급을 받고 있는 코인인데, 이더리움보다는 낮고 지캐시보다는 높은 수준입니다.

시메트리에서는 B 마이너스로 평가받고 있습니다. 마켓 기회나 에코시스템 등에서는 점수가 높지만 로드맵 프로세스와 토큰 퍼포먼스에서는 꽤나 저평가되고 있다는 것을 확인할 수 있습니다. 가능성은 높은데 실질적인 성과가 부족하다는 것으로도 이해할 수 있는 부분입니다.

• 이슈 체크포인트

① 이오스 ICO 부정 의혹 실체

이오스는 처음 출범할 때부터 이더리움의 단점을 보완하겠다며 스스로 '이더리움 킬러'라는 슬로건을 내세웠습니다. 상당히 도전적인 의미를 담고 있다 보니 ICO 전부터 대형 거래소들에 상장되며 주목받았습니다. 이오스 ICO 당시 얼마나 주목도가 높았는지 당시 상황을 직접 경험해 보지 않아서 알 수 없었는데, 최근 다소 뜬금포 성격의 이오스 ICO 부정 의혹이 제기되면서 그때 꽤나 주목받았던 프로젝트였다는 점을 어느 정도 느낄 수 있었습니다.

안 그래도 이오스가 '살았는지 죽었는지 모를 상황'을 이어가면서 홀더들을 답답하게 만들고 있었던 때였는데, 난데없이 미국 텍사스대학교 연구진이 4년 전 진행된 이오스의 ICO 과정에서 부정행위가 존재했을 가능성이 있다고 밝히면서 시장의 주목을 받았습니다.

2017년~2018년 이오스 블록체인을 통해 진행된 43억 달러 규모의 ICO에 유명 펀드매니저 앨런 하워드와 루이 베이컨, 피터 티엘 페이팔 공동창업자 등이 참여했는데, 해당 ICO 과정에서 모금된 이더와 발행된 이오스는 반복적으로 시장에서 자전거래에 활용됐을 가능성이 존재한다는 것이 의혹의 핵심입니다.

이 논문은 "이오스 가격을 인위적으로 부풀리기 위해 발행 주체는 바이낸스와 비트파이넥스 등 거래소에서 자전 거래, 워시 트레이딩을 진행한 것으로 추정된다. 이오스 토큰을 워시 트레이딩에 악용한 계정은 21개라고 강조했다"라고 덧붙였습니다.

이오스의 개발사 블록원은 당장 발끈하면서 정면 반박하는 모습을 보였습니다. 블록원은 "해당 보고서는 의도적으로 유착 행위 의혹을 제기하고 있다. 근거를 제시하지 않고 추측에 의존 하고 있다. 보고서의 결론은 과거 가격 데이터와 일치하지 않고 시장의 매커니즘, 중립적 차익 거래 행위, 토큰 세일에 따른 달러 비용 평균화 사용 사례 등에 대한 이해가 부족하다"라고 비판했습니다. 그러면서 "어떤 증거나 사실도 의혹을 뒷받침하지 못한다"라고 반박했습니다.

말 그대로 일단 던져보자 수준의 의혹이어서 그냥저냥 의혹으로 마무리된 모습이지만, 한동안 조용했던 이오스로서는 이슈의 중심에 선 계기로 작용했습니다.

② 이오스 기반 암호화폐 거래소, 불리쉬

2021년 들어 발생한 시세 급등은 이오스 개발사인 블록원이 암호화폐 거래소인 불리쉬를 만들겠다고 밝히면서 시작됐습니다. 블록원이 100억 달러를 투자해 계열회사인 불리쉬 글로벌을 연내에 설립하겠다는 것이 핵심입니다. 자금 100억 달러는 블록원이 1억 달러 규모의 현금과 비트코인 16만4000개, 이오스 2000만개를 투입하기로 했고, 다른 투자자들이 3억 달러 규모 현금을 조달하기로 했습니다. 참여 투자자들의 면면도 관심을 끌기에 충분했습니다. 페이팍 창업자 피터 틸, 억만장자 헤지펀드 매니저 앨런 하워드, 갤럭시디지털 CEO 마이클 노보그라츠 등이 포함돼 있습니다.

불리쉬 거래소는 단순히 이오스 개발사가 설립하는 것뿐만 아니라, 이오스 블록체인 기반으로 운영될 것이라는 점에서 더 주목받았습니다. 이오스 플랫폼 위에 이름 들으면 알만한 크립토 셀럽들이 참여한 대규모 블록체인 가상화폐 거래소가 가동되는 것입니다. 실제 설립이 이뤄지면 코인계의 사생아라는 오명을 날려버리고, 이더리움을 위협하는 경쟁력을 증명받을 수 있는 기회가 될 수도 있을 것으로 기대되고 있습니다.

불리쉬 거래소 준비 작업은 차근차근 준비되고 있는 것 같습니다. 2021년 9월 11일 불리쉬가 공식 트위터 계정을 통해 밝힌 내용을 보면, 최종 불리쉬 거래소 파일럿 게임 계정이 조만간 개설된다면서 업데이트된 소식이 전해졌습니다. 딱히 시세를 움직일만한 유의미한 호재성 정보는 아니지만, 이오스 기반의 블록체인 가상화폐 거래소 개설이라는 의미있는 호재를 향한 계획이 순조롭게 진행되고 있다는 점 정도는 느낄 수 있습니다.

불리쉬 거래소 오픈이 2021년 연말로 예정돼 있는 만큼 홀더들 사이에서는 이 시기 전후로 이오스 역시 의미있는 시세를 받을 수 있지 않을까, 그런 기대감이 나오는 모습입니다. 분명히 이오스로서는 꽤 큰 프로젝트의 분기점으로 평가받을 수 있는 이슈이긴한데, 그동안 이오스가 워낙 엉덩이 무거운 모습을 오랫동안 보여줬던 터라, 올라야 오르는 것이다, 라는 다소 자조 섞인 목소리도 나오고 있습니다.

이오스는 지난 3년 동안의 방황을 마치고 이제야 출발선에 선 느낌입니다. 전고 돌파 시도까지 이뤄냈고 이오스 기반의 블록체인 거래소 출범을 앞두고 있는 상황이기 때문입니다. 불리쉬 거래소가 얼마나 의미있는 역할을 하느냐에 따라서 이오스의 가치 역시 달라질 수 있는 부분이 존재하고, 이더리움 킬러까지는 아니더라도 어느 정도의 보완재로서는 의미있는 역할을 할 수 있지 않을까 그런 기대감이 존재하기도 합니다.

프로젝트의 특징 자체에는 장점이 분명히 존재하는 만큼, 올해를 기점으로 코인계의 사생아라는 오명은 확실히 날려버리고, 홀더들의 마음에 강렬한 인상 한 번 박아줄 수 있기를 기대해 봅니다. 불리쉬 거래소 오픈과 이후 의미있는 존재감을 통해 오랜 기간 마음 졸여왔던 이오스 홀더분들 모두 웃으실 수 있으면 좋겠습니다.

13

엔진코인

2021년 가상화폐 트렌드를 언급할 때 언급할 때 빼놓을 수 없는 인물은 단연 일론 머스크입니다. 비트코인은 말할 것도 없고 최근에는 도지코인을 언급하면서 아무런 비전도 제시하지 않고 있는 도지 코인이 시세 폭등을 경험하기도 했습니다. 이와 함께 일론 머스크는 NFT와 관련해서도 빼놓을 수 없는 인물입니다. 일론 머스크의 아내이자 가수인 그라임스가 얼마 전 경매로 NFT 디지털 그림을 580만 달러에 팔면서 화제를 모으기도 했습니다.

암호화폐 시장에서는 이른바 NFT 코인으로 불리는 삼총사가 있습니다. 바로 엔진코인과 칠리즈, 쎄타토큰 등입니다. 2021년 하반기 들어서 엑시인피니티가 워낙 핫하게 관심받으면서 NFT 게임 코인이라고 하면 엑시인피니티밖에 없는 것 같은 모습이 펼쳐지기도 했지만, 사실 NFT 게임 코인의 원조는 엔진코인이라고 할 수 있습니다.

• 베이직 체크포인트

① 엔진코인 & NFT

NFT는 복제가 어려워 희소성을 잘 보장할 수 있고 위조품이 나올 위험이 거의 없다는 점이 결정적인 장점으로 꼽힙니다. 여기에다 블록체인 상에 NFT 출처와 발행시간, 소유자 내역 등의 정보가 공개되기 때문에 추적도 쉬운데요. 토큰을 1/n과 같이 나눠 소유권을 부분으로 인정할 수 있다는 점도 장점으로 볼 수 있습니다. 프랑스 BNP파리바에 따르면 전 세계 NFT 거래액은 작년에 2억5000만달러까지 늘어 2019년에 비해 4배 가까이 급증했습니다.

NFT의 경우에는 3가지 정도가 독특한 특성으로 꼽히는데요. 다음과 같습니다.

• 제한적인 수량	• 비대체성	• 비분할성

이런 특성이 있다보니 개인정보나 권리가 훼손될 때 심각한 피해를 입게 되는 분야에서 적극적으로 활용되고 있습니다. 그라임스의 디지털 작품에 NFT를 부여해 판매한 것도 저작권 보호 측면에서는 상당한 강점을 가지고 있다고 볼 수 있습니다. 개인정보, 소유권 등의 정보를 블록체인에 저장하는 방식을 통해 체인 이용자에게 공증을 받는 시스템이 바로 NFT라고 할 수 있습니다.

이런 특징 때문에 해당 블록체인은 마켓 거래가 이뤄질 수 있고, 자산의 가치 역시 시장에서 자연스럽게 결정이 됩니다. 또, 일단 NFT에 기록된 정보는 탈중앙화 플랫폼에 영구적으로 저장되기 때문에 변경도 도난도 불가능해집니다. 이런 NFT는 비단 미술작품 등의 거래뿐만 아니라 요즘 핫한 메타버스 유니버스에서도 적극적으로 사용되는 핵심기술이라고도 할 수 있습니다. 엔진코인이 각광받는 결정적인 이유는 메타버스를 구성하는 재료로 활용하기 위한 개발이 한창 진행중이기 때문입니다. 엔진코인의 가치는 지금보다 향후 훨씬 더 커질 가능성이 높다는 것이 대체적 분석으로 여겨지고 있습니다.

② 엔진코인 기본 특징

엔진코인(Enjin Coin)은 엔진 플랫폼을 활용한 모든 게임에서 사용되는 게임 아이템의 소유권, 통화가치를 보증하는 암호화폐입니다.

엔진코인은 결제 사기, 높은 수수료와 느린 거래, 소유권 및 희소성의 부족, 잠금 및 중앙 집중화, 공개 표준의 부재, 높은 비용과 시간 소모, 게임화 가치의 부족 문제를 해결하는 것과 엔진 플랫폼을 통한 블록체인 생태계 활성화를 목표로 삼고 있습니다.

엔진코인의 핵심적인 장점은 수많은 사용자를 보유하고 있는 엔진 네트워크와 사업 제휴를 통한 기술 개발이고 엔진의 블록체인 게임 개발 기술력을 커뮤니티와 함께 누구나 쉽게 블록체인 게임 개발을 할 수 있는 것입니다. 자체적인 유니버스를 구축할 수 있다는 것으로도 볼 수 있습니다.

또 엔진코인의 다른 스마트 계약 게임 플랫폼과의 차이점은 과거 대부분의 게임에서 사용하는 암호화폐들은 자체 토큰을 발행하지만 이러한 토큰들은 가상화폐로만 사용되지 실제 개인의 자산이나 현금화를 하지 못한다는 것입니다. 하지만 엔진코인은 모든 게임아이템의 통화 가치를 보증하는 유일한 블록체인 플랫폼입니다. 향후 메타버스 유니버스에서 엔진코인이 자체 화폐로 적용될 경우 현실 세계에서도 통화의 가치를 가지는 것은 물론, 메타버스 세계에서도 통화로서 활용될 수 있다는 점은 꽤나 강력한 매력 포인트로 거론되고 있습니다.

• 이슈 체크포인트

① 엔진코인과 루데나 프로토콜

2021년 엔진코인이 다시금 주목받았던 것은 루데나 프로토콜과의 작업 때문이었습니다. 블록체인 게임 소셜 플랫폼 루데나 프로토콜(Ludena Protocol)은 최근 엔진코인의 점프넷(Jumpnet)에 지갑 생성, NFT 민트 및 전송 전 과정 테스트에 성공했다고 밝혔습니다. 그게 2021년 4월 9일이었습니다.

엔진코인은 이후 가스비 없는 NFT(Non-Fungible Token, 대체불가토큰) 지원을 위한 스케일링 솔루션 점프넷을 출시했는데요. 이번 솔루션 테스트에 참여한 국내 기업은 루데나 프로토콜이 최초입니다. 회사는 이번 과정을 통해 메타버스를 지향하는 루데나월드 프로젝트에 적용될 최초의 아바타 '루나(Luna)'를 점프넷 상의 NFT로 발행했습니다.

최근 이더리움 네트워크의 비싼 가스 비용 때문에 NFT 생성, 거래 및 배포에 어려움을 갖고 있는 상황에서 점프넷은 프라이빗 이더리움 기반 블록체인에 올라간 권한 증명(Proof of Authority, PoA) 합의 알고리즘을 통해 '평생 무료'인 확장성을 제공하게 됩니다.

선도적인 글로벌 NFT 생태계 개발 업체인 엔진(Enjin)은 NFT 시장의 규모와 가치가 지속적으로 성장함에 따라 이번 점프넷 출시에 이어 'NFT 고속도로' 개념과 같은 탈중앙화된 멀티체인 스케일링 솔루션인 '이피니티(Efinity)'를 출시할 예정입니다.

② 엔진코인 & 메타버스

엔진코인은 기본적으로 기초체력이 탄탄한 코인으로 거론되는 경우가 많습니다. 삼성전자, 마이크로소프트와의 협업을 비롯해서 바이낸스와 크립토닷컴 역시 엔진코인에 상당히 우호적인 메시지를 보내고 있습니다.

특히, 메타버스 세계관이 전 세계적으로 폭발적인 인기를 끌고 있고, 이를 통해 자체적인 세계관 구축이 가능하다는 점에서 엔진코인의 확장성은 무궁무진하다고 볼 수도 있습니다. 다만, 이런 로드맵이 얼마나 현실화될 것인지가 관건으로 꼽힙니다. 모든 일이 계획대로 된다는 보장이 없습니다. 다만, 지금까지 엔진코인 프로젝트가 보여온 성과를 놓고 보면 엔진코인의 성장이 실제로 어떻게 이뤄질지 지켜볼 가치는 충분히 있어 보입니다.

14

칠리즈

스포츠에 관심이 있으신 코인 투자자라면 칠리즈 코인 들어보셨을 것입니다. 세계 최초로 팬들이 직접 참여하고 보상받는 블록체인 시스템을 구축하면서 굉장한 관심을 끌었던 프로젝트입니다. 칠리즈의 경우에는 특히, 실제 유명 구단들이 적극적으로 참여하면서 팬덤의 혁신적 진화라는 평도 나오고 있습니다. 스포츠의 탈중앙화를 이끌며 새로운 팬덤 문화를 만들고 있는 칠리즈에 대해서 살펴보겠습니다.

• 베이직 체크포인트

칠리즈는 세계 최초로 블록체인 기술을 활용해 스포츠와 e스포츠, 엔터테인먼트 팬들을 위한 참여 플랫폼을 운영하면서 관심을 받았던 곳입니다. 칠리즈(Chiliz)는 토큰을 기반으로 한 새로운 팬덤 문화 형성에 있어 이 분야의 선두주자로 꼽힙니다. 칠리즈는 세계 최초로 블록체인 기술을 활용하여 스포츠·e스포츠·엔터테인먼트 팬들을 위한 팬 참여 플랫폼인 소시오스닷컴을 운영하고 있습니다.

소시오스닷컴은 공식 파트너십을 체결한 축구 클럽들의 디지털 자산인 '팬 토큰(Fan Token)'을 클럽별로 발행합니다. 특히, 팬 토큰 구매자는 소시오스닷컴에서 진행하는 클럽 관련 의사 결정에 대해 투표 권한을 갖고 영향력을 행사할 수 있습니다. 직접적인 참여를 통해 탈중앙화라는 블록체인의 핵심 컨셉을 구현해내고 있는 것입니다.

칠리즈는 세계 유수의 명문 축구 구단들과 e스포츠팀과의 파트너십으로도 주목받고 있습니다. 이름 들으면 알만한 유명 구단들이 대거 참여하면서 칠리즈에 대한 관심사 역시 높아질 수밖에 없었습니다. 칠리즈는 2021년 1월 기준으로 21개 구단과 파트너쉽을 체결했는데, 알렉산더 드레이푸스 칠리즈 CEO는 2021년 안에 100개 이상 구단과 파트너쉽을 체결하겠다는 계획을 밝히기도 했습니다. 파트너십이 더욱 더 확대될 수록 칠리즈 코인의 실용성이 높아지는 것이기 때문에 칠리즈 코인에는 상당한 호재로 작용할 수 있는 부분입니다.

2021년 2월 10일 기준으로 거래소에 상장되고 거래되고 있는 칠리즈 팬 토큰은 17개입니다. 칠리즈 코인은 우리나라 고객들을 위해 상당히 한국 친화적인 마케팅으로도 잘 알려진 곳입니다. 네이버 블로그와 카카오톡 오픈 채팅방을 운영하는 것이 대표적인 예입니다. 2020년 1월부터는 한국에서 사업 확장을 공식 발표하며 한국 지사를 운영하고 있습니다.

또 프로게이머 출신 방송인 홍진호와 비정상회담으로 유명세를 탄 게이머 출신의 기욤 패트리 등을 어드바이저로 영입하면서 국내 팬들에게 더 친화적인 전략을 펼치고 있습니다.

• 이슈 체크포인트

칠리즈는 2021년 들어서 미국 시장 진출을 본격화하면서 관심을 받기도 했습니다. 칠리즈는 2021년 4월 13일 미국의 글로벌 퀀트 트레이딩 기업 점프 트레이딩(Jump Trading)으로부터 지분 투자를 유치했다고 밝혔는데. 투자 유치금액은 5000만달러로 우리돈으로 560억 정도의 규모입니다. 점프 트레이딩은 시카고를 본사로 1999년에 설립된 이후 다양한 인프라에 투자를 집행해온 글로벌 퀀트 트레이딩 기업입니다. 점프 트레이딩의 칠리즈에 대한 투자 유치를 바탕으로 양사는 미국 스포츠 시장 진출을 위해 전략적으로 협력해 나갈 예정입니다.

알렉산더 드레이푸스 칠리즈 최고경영자(CEO)는 "세계적인 위상을 자랑하는 글로벌 퀀트 트레이딩 회사로부터 투자를 유치하게 된 것은 칠리즈에게 큰 성과"라며 "점프 트레이딩과 함께 미국 스포츠 시장을 개척해 나가는 블록체인 기업으로서의 입지를 굳건히 다져 나가겠다"라고 포부를 밝혔습니다.

칠리즈는 지난 2020년 12월 세계 최대 거래소인 바이낸스와 전략적 제휴를 체결하면서 주목받기도 했습니다. 칠리즈가 바이낸스(Binance), OK 블록체인 캐피탈 그리고 처위엔(Ceyuan) 벤처 등 세계 최대 규모의 암호화폐 거래소 및 아시아를 주도하는 크립토 펀드들로부터 6600만 달러, 우리돈으로 730억대 규모의 투자를 유치했던 것입니다. 바이낸스는 칠리즈의 초기 투자자로 알려져 있는데, 추가 투자와 전략적 파트너쉽을 함께 체결한 것이어서 의미를 더했습니다. 전략적 제휴의 일환으로 바이낸스 런치풀을 통해 파리 생제르맹($PSG), 유벤투스($JUV), AS 로마

($ASR), 아틀레티코 마드리드($ATM), OG($OG)의 팬 토큰들을 론칭했는데, 더 많은 팬 토큰들이 바이낸스 런치풀에 등록될 것으로 예상되고 있습니다

칠리즈의 공언대로 2021년까지 100개 이상의 구단과 파트너십을 체결하는 것이 현실화된다면 칠리즈 코인의 시세 역시 상당폭 상승하게 될 것으로 전망됩니다. 칠리즈는 한국 지사는 물론 싱가포르에도 지사를 두고 아시아 지역 사업 확장에 나서고 있는데요. 미국 시장에 이어서 남미 시장에도 진출할 계획을 밝힌 바 있습니다.

칠리즈는 이미 세계적인 유명구단들이 잇따라 참여하면서 그 자체만으로도 지금보다 앞으로가 더 유망한 종목으로 꼽히고 있습니다. 물론 여기서 의미하는 유망함은 당장 단기에 시세가 오른다는 의미보다는 장기적으로 스포츠 문화를 새롭게 만들어가는 비전을 의미합니다. 스포츠 문화가 블록체인 기술을 통해 어떻게 바뀌게 될지 사뭇 궁금한 지점입니다.

15

스텔라루멘

잊을만하면 한 번씩 리플, XRP를 대량으로 매도하면서 홀더들의 가슴을 졸이게 만드는 사람이 있습니다. 2013년 이후 지금까지 시장에 내다 판 XRP만 무려 80억 개가 넘습니다. 한 방에 매도 물량을 쏟아내면서 XRP 시세에 부정적인 영향을 주면서 나름의 앙갚음을 해 왔던 남자, 바로 스텔라루맨의 창시자 제드 맥케일럽입니다.

스텔라루멘은 최초의 대형 암호화폐 거래소인 마운트곡스, 리플 등을 만들었던 제드 맥케일럽이 리플에서 쫓겨난 뒤 만든 프로젝트입니다. 리플의 업그레이드 버전으로도 불리고, 그래서 리플의 형제 코인이라는 표현도 존재합니다. 하지만, 리플사와의 마지막이 워낙 좋지 않다 보니 지금까지도 자신이 배분받은 어마어마한 물량의 XRP로 리플에 나름의 복수 비슷한 것을 해 왔습니다. 그래서 형제라기 보다는 앙숙이라는 표현이 더 적절한지도 모르겠습니다.

스텔라루멘은 한 때 제2의 비트코인이 될 것이라는 엄청난 기대를 받기도 했습니다. 2017년 데뷔 당시만해도 시세가 크게 올랐다가 폭락하는 과정을 거쳤고, 2021년에 들어서 다시 시세를 받으면서 재조명받기도 했습니다.

• 베이직 체크포인트

① 스텔라루멘 & 제드 맥케일럽

스텔라루멘 코인은 제드 맥케일럽과 조이스 킴이 지난 2014년 설립한 오픈소스 가치 교환 프로토콜입니다. 개인 대 개인(P2P) 파일 공유 시스템인 이돈키(eDonkey), 최초의 대형 비트코인 거래소인 마운트곡스, 암호화폐 리플(Ripple) 등을 만든 제드 맥케일럽이 리플 랩스를 떠난 뒤에 기존의 리플 프로토콜을 발전시켜 새롭게 구현한 네트워크입니다. 그래서 리플의 업그레이드 버전이라고도 불리고, 리플과 형제 코인으로도 일컬어지기도 합니다.

리플과 스텔라루멘의 가장 큰 차이점은 리플이 기업 간의 자금 송금을 목적으로 하고 있다면, 스텔라루멘은 개인 간의 거래를 편안하게 만들기 위해 개발됐습니다. 물론, 지금은 프로젝트 자체가 확장성을 띄게 되면서, 처음 시작지점은 달랐지만, 지금은 개인 고객/기업 고객 구분없이 국제 송금 프로토콜로 자리매김한 모습입니다. 어쨌든 시작 지점에서 놓고 보면, 이더리움이 비트코인 개선작으로 개발된 것이라면 스텔라루멘은 리플의 개선작으로 시작된 프로젝트라고 할 수 있는 셈입니다.

② 스텔라루멘 특징

스텔라루멘은 기존의 다른 암호화폐보다 훨씬 빠른 전송속도로 송금을 하면서도 매우 낮은 수수료가 책정됐다는 점이 장점으로 꼽힙니다. 이 송금 과정에서 수수료로 사용되는 것이 바로 스텔라루멘입니다. 최소 거래수수료는 0.00001XLM인데, 거의 0원에가깝다고 할 수 있는 수준입니다. 리플도 송금 수수료가 저렴한 편이지만 스텔라는 리플의 10분의 1

수준이어서 수수료 측면에서 상당한 경쟁력을 가지고 있는 코인으로 꼽힙니다. 네트워크 전송속도 역시 매우 빠르기 때문에 소액 송금에도 적합하다는 평가를 받고 있습니다.

XLM의 총발행량은 2019년 10월 확정된 500억개로 정해져 있습니다. 따라서 채굴이나 추가발행 등은 이뤄지지 않는다고 볼 수 있습니다.

스텔라루멘 플랫폼을 이용하면 본인의 자산을 스텔라 자체의 화폐인 루멘스(Lumens)로 환전할 필요 없이, 기존 법정화폐나 다른 암호화폐 등에 바로 전송할 수 있습니다. 스텔라에서는 특정 통화 한 가지만 정해서 토큰화하는 것이 아니라, 어떤 통화든 토큰화가 가능하다는 것인데, 금이나 은 같은 자산도 토큰화가 가능합니다.

물론 스텔라를 통해 국제 송금에 참여하는 사업자나 은행 등은 엄격한 규칙을 따라야 합니다. 이걸 앵커라고 부르는데, 스텔라재단은 앵커가 되기 위한 조건으로 회계 관리를 받는 은행 계좌에 발행한 토큰 수량 만큼 법정 통화 준비금을 마련해 놓아야 하고 고객확인절차와 자금세탁 방지 등의 규제를 철저하게 따라야 한다는 등의 조건이 있습니다. 나름 안정적이고 투명한 송금을 위한 시스템을 체계적으로 구축해 놓은 것입니다.

③ 스텔라루멘 vs 리플, 전쟁의 서막

스텔라는 앞서 언급한 것처럼 리플을 만들었던 공동 창시자 제드 맥케일럽이 만든 프로젝트입니다. 제드 맥케일럽은 리플사에서 일할 때 리플의 운영방식이 점차 영리화에만 초점이 맞춰진다고 불만을 갖게 됐고, 이로 인해 크리스 라슨을 비롯해 리플랩스 임직원들과 자주 마찰을 빚었습니다.

원래 제드 맥케일럽은 크리스 라슨을 회사에서 쫓아내려는 생각을 갖고 있었는데, 공교롭게도 리플랩스 이사회는 제드 맥케일럽을 내보내는 결정을 내리게 됩니다. 자신이 만든 리플랩스에서 쫓겨나게 된 것인데, 이후 맥케일럽이 리플을 하드포크해서 만든 블록체인이 바로 스텔라입니다.

스텔라는 처음부터 리플의 단점 보완에 초점을 맞췄습니다. 가장 대표적인 것이 리플의 중앙화 이슈입니다. SEC와 리플의 소송 과정에서도 알 수 있듯이 리플은 리플랩스라는 운영주체가 있고 퍼블릭이 아닌 프라이빗 블록체인의 특성이 있기 때문에 XRP가 미등록 증권이라는 논리가 만들어졌습니다.

그래서 제드 맥케일럽은 스텔라를 누구든지 네트워크에 참여할 수 있는 퍼블릭 블록체인 방식으로 구축했습니다. 리플과 달리 완전한 탈중앙화를 추구하겠다는 것을 대놓고 밝힌 것입니다. 합의 프로토콜 방식도 작업증명이나 지분증명이 아닌 스텔라 합의 프로토콜이라는 새로운 방식을 채택합니다. 연산력이나 담보액 기준이 아니라 누구나 노드로 참여할 수 있는 방식입니다.

스텔라 노드 참여자들에게는 별도의 금전적인 보상이 돌아가지는 않는데, 유일한 참여 유인책은 네트워크의 보안성을 지켜서 네트워크 발전에 기여할 수 있다는 것입니다.

스텔라 재단은 이같은 특성을 기반으로 금융 서비스 인프라가 부족한 개발도상국 위주로 먼저 진입해 공익에 이바지하고자 힘쓰고 있습니다.

이미 IBM과 파트너십을 체결로 남태평양의 나라들 간의 국제 거래에도 참여하고 있습니다.

• 이슈 체크포인트

① 스텔라루멘 생태계 확장성

스텔라루멘은 2021년 1월 우크라이나 정부와 파트너십을 체결해 주목받았습니다. 우크라이나 중앙은행 디지털 화폐 구축 파트너로 스텔라루멘이 선정됐던 것입니다. 우르카이나 중앙은행은 2017년부터 CBDC에 대한 연구를 이어왔었습니다. 우크라이나 중앙은행은 스텔라루멘을 선택한 이유로 중앙은행이 갖춰야 할 신뢰성을 잘 반영할 수 있는 알고리즘을 갖췄다는 점을 꼽았습니다.

스텔라루멘이 금융권과 함께 협업을 진행한 것은 우크라이나가 처음은 아닙니다. 2020년 12월 독일 대형 은행 가운데 하나로 꼽히는 방크하우스 폰 데어 하이트(BVDH)와의 협업도 진행됐는데, 방크하우스 폰 데이 하이트는 스텔라를 기반으로 유로화와 연동되는 스테이블코인 EURB를 발행한다고 밝히기도 했습니다.

2021년 4월에는 달러화 기반 스테이블 코인인 USDC가 공식적으로 스텔라 네트워크에서 출시되면서 기업과 개인은 스텔라루멘의 낮은 비용과 빠른 속도, 보안 기능을 활용하면서 안정적인 미화 기반의 송금 시스템을 사용할 수 있게 됐습니다. 이더리움과 알고랜드에 이어서 세번째 USDC 거래가 가능한 블록체인 플랫폼이 된 것입니다.

2021년 스텔라 기반의 코인으로 태국 CP그룹이 지원하는 벨로도 주목받고 있습니다. 벨로는 송금을 위한 중간체인 암호화폐로 벨로 랩스가 개발한 스텔라 기반의 코인입니다. CP그룹은 벨로 프로토콜을 통해 동남아시아 송금 시장에서 리플이나 페이스북의 리브라와 같은 역할을 구현하는데 초점을 맞추고 있습니다. 은행에 자유롭게 접근할 수 없는 동남아시아 지역 소비자들에게 암호화폐 기술을 통해 금융 접근성을 높이겠다는 것입니다.

② 스텔라루멘 & 머니그램 파트너십

2021년 7월, 시장에는 스텔라루멘과 관련한 꽤 의미있는 호재성 정보가 전해졌습니다. 스텔라 개발재단이 글로벌 송금 서비스 기업인 머니그램 인수를 추진한다는 내용이었습니다. 머니그램이 81년 역사를 가진 거대 국제 송금 결제업체라는 점과 더불어, 당초 머니그램이 리플과 함께 파트너십을 맺은 기업이었다는 점이 거론되면서 관심이 집중됐습니다.

당시 코인데스크는 "스텔라 재단이 머니그램을 인수한다면 리플과의 역사적 경쟁을 고려할 때 궁지에 몰린 리플에게 잔인한 운명의 반전을 안겨줄 것"이라고 분석하기도 했습니다. 그만큼 리플과 앙숙관계인 스텔라로서는, 한때 리플의 파트너와 손을 잡는다는 것이 꽤나 의미부여가 될 수 있는 부분이었습니다. 특히, 머니그램이 리플과 결별하게 된 이유가 다름아닌 리플이 SEC로부터 소송을 당하면서 벌어졌다는 점에서 더 주목을 받았습니다. 머니그램은 리플과 파트너십을 맺었지만, 규제 리스크가 불거지면서 리플과의 파트너십 종료를 발표했습니다. 그게 2021년 3월이었습니다.

물론, 스텔라재단의 머니그램 인수 보도가 나왔을 당시만 하더라도 스텔라도 머니그램도 모두 보도내용을 부인했습니다. 하지만 석 달 뒤, 머니그램이 스텔라와 함께 협업한다는 소식이 전해졌습니다. 스텔라재단이 머니그램을 아예 인수한 것은 아니지만, 머니그램이 스텔라루멘을 개발한 스텔라 재단의 블록체인 기술을 활용해 결제 시스템 개발에 나선다는 점이 확인됐던 것입니다. 어쨌든 리플로서는 뼈 아픈 한 방을 맞은 결과가 됐습니다.

양사의 협업을 통해 머니그램 결제 시스템은 스텔라 블록체인 네트워크를 활용해서 스테이블 코인인 USDC를 전송하는 방식으로 구현됩니다. 이와 관련해 알렉스 홈즈 머니그램 회장은 "블록체인 기반 결제는 머니그램의 최우선 전략 가운데 하나다. 스텔라 재단과의 협력을 통해 블록체인 결제를 도입할 수 있게 됐다"라고 밝혔습니다. 머니그램이 스텔라 블록체인을 통해 레거시 송금기업에서 블록체인 송금 기업으로의 도약을 노리고 있다는 점을 엿볼 수 있는 부분입니다.

물론 스텔라의 입장에서도 아쉬울 게 없는 협업이라는 평이 우세합니다. 일단 리플에게 한 방을 먹였다는 점에서 그렇고, 81년 역사를 가진 머니그램의 전세계 네트워크에 스텔라의 기술을 입힐 수 있는 기회가 될 수 있기 때문입니다.

③ 스텔라의 미래는?

스텔라루멘은 그레이스케일 포트폴리오에 포함되면서 세력이 좋아하는 코인으로도 알려져 있습니다. 그레이스케일은 스텔라루멘 7천3백만 개 정도를 보유하고 있는데, 2천7백만 달러 규모입니다. 꼭 거대 자산운용사의 포트폴리오에 포함된 것을 거론하지 않더라도, 스텔라루멘은 국제 송금 플랫폼으로서 여러 가지 장점을 가지고 있는 것만은 분명해 보입니다. 특히, 여러 나라의 은행들과 직접적인 협력을 한다는 점, IBM과 금융 서비스 기업 스트라이프 등과의 협력 등은 스텔라루멘에 대한 기대감을 더 키우는 부분으로 볼 수도 있을 것 같습니다. 스텔라루멘 투자를 고민하고 계시다면, 이런 전반적인 이슈 상황을 잘 체크해보시면 더 좋을 것 같습니다.

16

베이직 어텐션토큰

2021년 10월 21일 스냅챗 운영사인 스냅의 주가가 20% 넘게 곤두박질쳤습니다. 애플의 아이폰용 앱 관련 강화된 정보보호 조치로 인해 광고 수익이 급감할 것이라는 전망이 나오자 주가에 직격탄으로 영향을 미쳤던 것입니다. 스냅은 물론, 트위터와 페이스북, 구글 등 인터넷 광고 수입 기반의 빅테크들의 주가가 하나같이 줄줄이 흘러내렸습니다. 시간을 뒤로 돌려서 시작점을 짚어오면 애플이 발표한 이용자 정보보호 조치 때문이었습니다.

애플의 강화된 개인정보 보호 조치의 내용은 이렇습니다. 애플은 2021년 4월 아이폰 사용자의 개별 승인이 없는 개인정보 추적을 차단하는 '앱 추적 투명성(ATT)' 기능을 새 운영체계를 통해서 보급했습니다. ATT를 통해 애플은 페이스북을 비롯한 경쟁 업체의 타겟광고를 사실상 제한한 것입니다. 타겟 광고는 쉽게 말해 검색 기록을 이용한 맞춤형 광고를 의미합니다. 내가 구글에서 부동산 검색을 자주 하면, 지속적으로 아파트 분양 광고가 뜨는 것은 내 검색 기록이라는 개인정보를 활용해 맞춤형 광고를 보여주기 때문입니다. 그런데, 내 검색 기록이라는 나의 정보를 내가 허락하지 않도록 애플이 나름의 장치를 만들었고, 이 소식이 광고 중심의 빅테크 기업들의 주가를 흔들었던 것입니다.

여기서 우리가 집중해야 할 포인트는 개인 정보의 공개 여부가 얼마나 시장에 큰 영향을 미칠 수 있는가 여부입니다. 우리는 우리의 정보가 우리가 모르는 사이에 기업들의 먹잇감이 되거나 돈벌이 수단으로 활용된다는 것을 잊게 살아가는 경우가 많습니다. 사실, 우리의 정보를 제공해주는 것이기 때문에 정보의 주권은 우리가 가지고 있어야 하는 것이 상식의 수준에 부합할 것입니다. 하지만 우리는 자연스럽게 우리 정보를 '그들'에게 넘겨왔고, 이 정보를 '우리'가 통제하는 순간 그들의 수익에 영향을 미칠 수 있다는 점을 확인한 것이 이른바 '스냅 주가 폭락 사건'이었던 것입니다.

개인의 정보를 중앙화된 기업이 소유했을 때(중앙화)와 개인이 소유했을 때(탈중앙화)의 차이점이 아주 명확하게 보여준 사례라고 할 수 있습니다. 베이직어텐션 토큰 파트에서 베이직어텐션토큰에 대한 이야기 없이 서두가 좀 길었는데, 이런 문제점을 궁극적으로 해결하기 위해 등장한 프로젝트가 바로 베이직어텐션토큰입니다.

• 체크포인트

① 베이직어텐션토큰 vs 글로벌 빅테크 기업들

요즘엔 우스갯소리로 '쥐도 새도 모르지만 구글은 알고 있다'라는 말이 있습니다. 구글이 신같이 모든 걸 알고 있을 정도로 방대하고 대단한 정보의 집합체로 인식되는 것입니다. 표면적으로 구글은 검색엔진입니다. 하지만, 검색엔진은 형식 모델이고 수익 모델은 광고 플랫폼입니다. 검색을 통해 유입된 사람들이 광고를 보게 만들고, 중간에서 수수료를 받아 챙기는 방식입니다. 이 액수가 무시무시한데, 2020년 1년 동안 구글의 온라인 광고 매출은 우리돈으로 188조 원, 영업이익은 61조 원 수준입니다. 구글을 세계 최대 규모의 광고 마케팅 회사라고 부르는 이유입니다.

구글의 광고 시스템인 애드센스를 이용해보신 분들은 아시겠지만, 구글이 상당히 많은 비중의 수수료를 가져갑니다. 내가 올린 글이나 영상에 붙는 광고 수익의 40% 정도를 구글이 가져가는 구조입니다. 현대판 글로벌 봉이 김선달이라는 자조섞인 말이 나오는 이유입니다.

이런 방식은 구글뿐만이 아닙니다. 페이스북, 트위터 등도 비슷한 방식으로 시스템을 구축해 놓았고, 광고주와 빅테크 기업 중심으로 편향돼 있습니다. 상대적으로 콘텐츠 제작자나 소비자의 권리는 아주 소소하게만 다뤄지고 있는 것입니다.

이런 구글의 생태계에 정면으로 도전장을 내민 것 바로 베이직어텐션토큰입니다. 대부분의 블록체인 기술이 그렇듯 중개자를 없애고 참여자에게 더 큰 혜택을 주는 것을 베이직어텐션토큰도 추구하고 있습니다. 그렇다고 베이직어텐션토큰이 무조건 성공하리라는 보장은 없습니다. 그럼에도 불구하고 관심을 받는 것은 그 자체의 비전이 워낙 획기적이고 혁신적이기 때문입니다.

② 브레이브 플랫폼 & 베이직어텐션 토큰

베이직어텐션토큰은 쉽게 말해 블록체인 기반 광고 플랫폼을 위해 만들어진 암호화폐입니다. 미국의 브렌든 아이크가 설립한 브레이브 소프트웨가 개발한 프로젝트입니다. 브렌든 아이크는 자바스크립트 언어와 파이어폭스 웹브라우저를 만든 인물로 유명합니다.

디지털 광고 시장은 이미 어마어마한 수준으로 확대된 상태입니다. 구글 페이스북 유튜브 모두 핵심 수익 모델이 디지털 광고라는 점만 봐도 그렇습니다. 2021년 1월 기준 월간 페이스북 사용자는 27억 명, 유튜브는 22억 명을 돌파했습니다. 엄청난 사람들이 SNS 플랫폼을 사용하고 있고, 이들은 모두 디지털 광고 시장의 고객인 셈입니다.

하지만, 시장의 구조는 그렇게 건강하지 않습니다. 인터넷 광고에는 악성 코드는 물론 개인정보 침해 위험에 노출돼 있고, 콘텐츠 제작자에게 책정된 수익이 어떻게 배분되는지 정확하게 통보되지 않는 구조입니다. 거래 플랫폼이 독점적으로 온라인 광고를 가져가고 있기 때문에 수수료 책정 역시 철저하게 중앙화돼 있습니다.

브렌든 아이크는 이런 구조적 문제를 해결하기 위해 브레이브 플랫폼과 베이직어텐션토큰을 만들었습니다. 베이직어텐션토큰은 이더리움 기반의 디지털 광고 플랫폼으로, 브레이브 브라우저에서 작동합니다.

브레이브 플랫폼은 광고를 투명하게 제공하고, 생태계 구성원들에게 보상으로 베이직어텐션토큰을 제공합니다. 사용자는 개인정보가 보호되는 환경에서 자신과 관련한 광고를 접할 수 있고, 광고 시청을 통해 보상으로 베이직어텐션토큰이 주어집니다. 광고주의 경우에는 효율적인 광고 비용 집행으로 기존보다 비용 절감효과를 이끌어 낼 수 있고, 무엇보다 구글이나 페이스북과 같은 중개자 없이 광고 타깃에 직접적으로 광고를 노출할 수 있습니다.

베이직어텐션토큰은 브레이브 브라우저에서 작동합니다. 그러니까, 베이직어텐션토큰의 이런 비전이 획기적으로 성공했다는 평을 받기 위해서는 브레이브 브라우저의 사용자가 늘어야 합니다. 그게 아니면, 크롬이나 사파리 등 다른 브라우저와 연동성이 강화됐을 때 사용자 유입이 가능합니다.

정리하면, 베이직어텐션토큰이 성공하기 위해서는 사용자들이 구글이나 네이버 등 기존의 검색엔진을 버리고 브레이브 브라우저를 사용해야 하는 셈입니다. 따라서, 베이직어텐션토큰은 브레이브 브라우저가 특별한 매력포인트를 가질 때 빛을 낼 수 있는 구조에 들어와 있다고 볼 수 있습니다. 이처럼 현재 상황에서 베이직어텐션토큰은 굉장한 가능성과 함께 어느 정도의 한계성 역시 분명한 상황입니다.

베이직어텐션토큰은 2021년 6월 5일 코인마켓캡기준 시가총액 12억달러 수준으로 전체 랭킹 73위를 기록하고 있습니다. 플립사이드크립토에서는 A등급을 받고 있는 코인입니다.

베이직어텐션토큰은 특히 그레이스케일의 포트폴리오에 새롭게 추가되면서 관심 받고 있는데, 그레이스케일은 6월 5일 기준 368만개의 베이직어텐션토큰을 가지고 있습니다. 284만달러 규모입니다.

17

트론 / 비트토렌트

앞선 여러 프로젝트 분석 과정에서 언급한 것처럼 2021년 가장 핫한 블록체인 키워드 가운데 하나는 단연 NFT입니다. NFT는 정말이지 다양한 분야에서 지금까지와는 다른 세상의 모습을 만들어내고 있습니다. 예술가 그룹을 중심으로 NFT 마켓과 경매가 아주 활발하게 진행되면서, 전례없는 기록들이 하나 둘 생겨나고 있습니다. 또, 탈중앙화 컨셉이 적용된 게임에서도 NFT 마켓이 활성화되면서 게임 속 아이템 거래라 실제 경제활동의 일환이 되는 그런 모습이 이어지고 있습니다.

모두 기존에는 중앙화 시스템 속에서 중간 에이전시들이 수익을 챙겼던 것을 사용자가 직접 자신이 창출한 이익을 가져갈 수 있게 된 것입니다. 중앙화 시스템 속에서는 게임 개발사나 유통사가 가져갔을 수익을 탈중앙화의 영역에서는 사용자가 직접 챙길 수 있게 된 것입니다. 탈중앙화 블록체인 혁신을 통해 가능해진 일입니다.

여러 상징적인 이슈들이 많지만, 모바일 게임 하나가 한 나라의 서민 경제를 뒷받침할 수 있게끔 가능하게 한 것도 역시 그 중심에는 블록체인 혁신이 있고, NFT 마켓이 자리하고 있습니다. 2021년 선풍적인 인기를 얻은 액시 인피니티 이야기입니다. 액시 인피니티에 사람들이 이토록

열광하는 것은 게임을 통해 직접 현실의 수익을 얻을 수 있기 때문입니다. 오락을 하는 것이지만, 동시에 괜찮은 정도의 돈벌이 수단이 되는 것입니다. 이른바 게임과 파이낸셜의 개념이 합쳐진 게임 파이(gamefi)입니다.

• 체크포인트

① 트론 & 게임파이

과거에는 내가 게임을 아무리 열심히 해봤자 그건 거의 대부분 게임 제작사와 유통사 좋은 일로 끝나는 경우가 대부분이었습니다. 물론 게임 아이템 거래를 통한 수익창출은 예전부터 있었지만, 이게 생계 활동을 대체할 수준은 아닌, 예외적인 경우였습니다. 내가 건질 수 있는 효용은 게임을 통한 즐거움이라는 감정적인 부분이 대부분이었습니다. 블록체인 시대에는 여가를 통해 즐기는 게임도 하나의 경제활동 수단이 될 수 있고, 이 게임파이가 요즘 엄청 핫한 영역으로 떠올랐습니다.

트론과 비트토렌트의 저스틴 선은 이런 혁명적인 변화의 흐름을 놓치지 않기 위해 게임파이 개발을 위해 어마어마한 돈을 쏟아붓기로 했습니다. 트론 재단이 앞으로 3년 동안 게임파이 프로젝트에 투자할 3억 달러 규모의 트론 아케이드 펀드를 조성하기로 한 것입니다.

게임파이는 말 그대로 게임에 파이낸셜 매커니즘을 도입해 사용자가 게임을 통해 수익을 얻을 수 있게 만들겠다는 것인데, 트론재단은 트론 아케이드 펀드를 통해 디파이 콘텐츠를 구축해 개발자를 지원하고 게임파이 프로젝트를 만들 계획이라고 밝혔습니다.

투자자 입장에서는 트론재단의 게임파이 프로젝트가 트론이나 비트토렌트와 아주 별개로 진행되는 상황과 이 두 프로젝트와 연계돼 진행되는 상황을 생각해 볼 수 있습니다. 다만, 저스틴 선이 트론과 비트토렌트의 시너지를 추구하고 있다는 점에서, 게임파이 프로젝트 역시 트론 비트토렌트 프로젝트와 관련성을 맺을 가능성이 상대적으로 높지 않을까, 생각해 볼 수 있을 것 같습니다.

② 트론

저스틴 선이 그리고 있을 큰 그림을 이해하기 위해서는 우선 트론, 비트토렌트 프로젝트의 특징을 간단히 짚어볼 필요가 있을 것 같습니다. 먼저 트론 프로젝트는 그 자체가 콘텐츠 기반의 엔터테인먼트 산업 시스템을 만들기 위한 블록체인 프로젝트입니다.

구글이나 페이스북처럼 개발자나 광고주들이나 중개자가 개입하지 않고, 사용자들 사이에서 직접 거래가 가능하게 하고 수수료를 줄이겠다는 목표에서 시작된 것입니다. 중앙화된 엔터테인먼트 콘텐츠 거래 문제를 해결하는 것에서 출발했지만, 지금은 인터넷과 블록체인을 통해 하나의 분산된 플랫폼 생태계가 어떻게 상호작용할 수 있을지에 비전이 맞춰 있다고 할 수 있습니다.

저스틴 선이 게임파이 개발에 나선 것 역시 엔터테인먼트 플랫폼으로서 트론 생태계의 확장을 시도하는 것으로 볼 수 있고, 트론 위에서 수많은 NFT를 만들고, 게임을 구동시키겠다는 방식들을 생각해 볼 수 있습니다. 저스틴 선은 이미 트론이라는 엔터테인먼트 기반 플랫폼을 가지고 있기 때문에 게임파이라는 엄청나게 돈이 되는 분야를 가져와서 적용하면 되는 것이고, 여기에 기꺼이 3억 달러를 투자하겠다는 것으로 볼 수 있습니다.

③ 비트토렌트

여기서 또 하나의 핵심 플레이어, 비트토렌트가 있습니다. 비트토렌트는 전세계 최대 규모의 P2P 파일 공유 업체입니다. 138개국에서 20억 명 넘는 사용자를 보유하고 있습니다. 트론이 비트토렌트를 인수한 것은 트론 생태계 확장 전략의 일환으로, 비트토렌트의 인프라와 트론 블록체인의 결합을 통해 세계에서 가장 큰 블록체인 P2P 네트워크가 될 가능성이 높습니다.

트론으로서는 비트토렌트와의 만남이 트론의 비전을 구현하고, 트론 생태계를 확장 시킬 수 있는 계기가 될 수 있고, 비트토렌트 입장에서는 블록체인을 통해 더 투명한 공유 시스템 구축이 가능해지기 때문에 불법 동영상 거래 플랫폼이라는 오명도 떨쳐낼 수 있습니다. 나름 꽤 괜찮은 시너지를 노린 인수라고 평가받는 이유이기도 합니다.

이같은 트론 생태계에서 게임파이가 구축된다면, 의미있는 시너지를 기대해 볼 여지가 존재합니다. 트론에서 구동되는 여러 디앱들의 토큰들은 서로 교환 가능합니다. 예를 들면, 트론 기반의 자전거 공유 회사 오바이크의 자체 암호화폐 오코인은, 트론 플랫폼 위의 다른 앱에서 사용될 수 있습니다. 나름의 상호운용 시스템을 가지고 있는 것입니다.

그렇다면, 이런 상황을 생각해 볼 수 있습니다. 트론재단이 게임파이 프로젝트를 통해 액시인피니트 같은 게임을 구축했고, 자체 토큰 액시를 활용해 아이템 거래가 가능하고, 거래소에서 환전이 가능하다고 합시다.

새로 구축된 게임을 A라고 하고, A의 자체 토큰을 B라고 하겠습니다. 게임 플레이어는 A를 열심히 플레이해서 B를 모았고, 이걸 거래소에서 현금화할 수 있습니다. 이때 토큰 B는 트론 플랫폼 기반의 다른 디앱에서도 사용가능합니다. 여기에는 물론 비트토렌트도 포함됩니다.

만약, 트론의 게임파이 프로젝트가 액시인피니티 정도의 성공을 올린다라고 가정한다면, 트론도 비트토렌트도 모두 시너지를 내면서 가치를 상당부분 높일 수 있게 됩니다. 저스틴 선이 엔터테인먼트 플랫폼 트론에서 게임파이를 개발하면서, 단순히 아이템 개발 하나를 위해서 3억 달러를 쏟아부을 인물은 아니라고, 개인적으로는 생각합니다. 물론, 3년 이라는 시간을 깔아놓은 것을 보면 이런 프로젝트를 성공 궤도에 올리기까지 적잖은 시간이 필요하다라는 점도 느낄 수 있는 부분입니다.

조지 길더는 '구글의 종말; life after goole' 이라는 책에서 구글 이후의 세상에 블록체인이 자리하게 될 것이라고 예측했습니다. 기존의 중앙화된 인터넷 빅테크의 시대 이후에는 블록체인의 시대가 펼쳐질 것이라는 게 핵심입니다. 인터넷 시대인 지금은 구글, 페이스북 등 웹2,0 기반의 인터넷 빅테크들이 지배를 하고 있습니다.

하지만, 블록체인 기술이 확장하면 할 수록 이런 중앙화된 기업들의 영역은 위협받을 수밖에 없고, 블록체인을 받아들이느냐 거부할 것이냐를 선택할 수밖에 없는 상황에 처하게 됩니다. 마이크로소프트가 발빠르게 비트코인 네트워크에서 DID 프로젝트 개발에 나선 것, 그것도 무려 4년 전부터 시작한 것은 무척 발빠른 대응이라고 할 수 있습니다.

트론과 비트토렌트, 그리고 게임파이가 그리려고 하는 지점은 지금 당장 보다는 조금 더 이후의 미래에 더 빛을 낼 수 있는 프로젝트들이 아닐까 생각합니다. 그만큼, 아직 블록체인 혁신은 시작 지점에 서 있고, 지금까지 보여준 변화와 혁신보다는 앞으로 보여줄 변화와 혁신이 훨씬 더 클 것이기 때문입니다.

이런 측면에서 저스틴 선은 굉장히 영리합니다. 가끔 입이 너무 가벼워서 조금 덜떨어져 보일 때도 있지만, 이렇게 시대와 기술 변화의 흐름을 읽고 이걸 놓치지 않기 위해 적어도 노력은 한다는 점에서 그렇습니다.

물론, 트론의 이런 노력이 당장 시세 폭등의 계기가 된다거나 하지는 않을 것입니다. 다만, 다가올 미래, 블록체인이 더 중심에 서 있을 미래에, 트론이 추구하는 이런 프로젝트들은 액시인피니트가 보여준 변화의 가능성들, NFT 열풍이 보여주는 시대의 변화들, 그렇게 서서히 일상 속에 들어오고 있는 블록체인과 가상화폐 이슈들. 이런 것들과 멋들어지게 엮이면서 새로운 블록체인 시대를 향해 나아갈 가능성은 꽤나 높지 않을까 생각됩니다.

18

엑시인피니티

2021년은 엑시인피니티가 새롭게 태어난 해라고 해도 과언이 아닐 것 같습니다. 그정도로 지구촌 곳곳에서 엄청난 관심을 받았기 때문입니다. 오르기도 많이 올랐고, 거래량도 많아서 하락장에서 이렇게 올라도 되는 것인가, 이런 말이 나올 하락장에서도 독보적으로 시세를 받는 모습을 보이기도 했습니다.

엑시인피니티는 이더리움 기반 블록체인 게임인데, 이더리움 생태계에서 작동하는 NFT 게임들 가운데 가장 인기가 많은 게임으로 꼽힙니다. 하루 사용자 수만 25만 명이 넘고 게인 안에서 발행되는 NFT의 월간 거래액이 120억 원이 넘는 것으로 알려져 있습니다. 필리핀에서 엄청난 열풍의 주인공이기도 한데, 아예 엑시인피니티를 통해 생계를 꾸리는 경우가 흔할 정도로 단순히 게임 그 이상의 역할을 하고 있습니다.

2021년 7월 액시인피니티가 한창 시세를 받았을 때 잘 하면 연내 100달러까지 갈 수 있을 것이라는 분석이 나왔었는데, 10월로 접어들면서 시원하게 100달러를 넘겨버렸습니다. 업비트 기준으로 7월만 하더라고 2만 원 중반대였던 것이 갑자기 6만 원을 바라보더니 10월 이후부터는 시세가 빠져도 15만 원대에서 형성이 되는 엄청난 폭등을 경험한 주인공, 바로 엑시인피니티입니다.

• 체크포인트

① 엑시인피니티, NFT 게임파이 성공 모델

엑시인피니티는 지난 2018년 창업한 베트남 스타트업 스카이마비스가 제작한 게임입니다. 지난 5월 750만 달러, 우리돈으로 85억 원 정도 투자 유치를 받으면서 주목받기도 했습니다. 이더리움 생태계의 NFT 게임 가운데 1위를 기록하고 있는데, 2021년 4월 말 하루 사용자는 3만명 수준이었는데, 7월 초에는 25만 명 수준으로 급증했습니다. 게임에서 발행되는 NFT의 월간 거래액이 120억 원이 넘는 것으로 알려졌습니다. 게임 속의 가상 부동산을 의미하는 랜드가 150만 달러, 우리돈으로 17억 원에 거래되기도 했습니다. 엄청난 사람들이 몰려들어서 엄청난 규모의 시장을 형성한 셈입니다.

사실 엑시인피니트는 게임 자체는 굉장히 단순하다는 평을 받고 있습니다. 크립토키티와 포켓몬을 섞어서 만든 느낌을 주는데 배틀과 미니게임 등 다양한 포맷을 적용했습니다.

게임의 핵심은 엑시라는 이름의 캐릭터입니다. 각각의 엑시들은 모양도 다르고, 가치도 다른데, 이들 각각에 NFT가 적용돼 사고 팔 수가 있습니다. 엑시 3개를 구입해야 게임을 할 수 있는데 저렴한 것은 0.1ETH 정도이지만, 가장 비싸게 거래된 것은 무려 300ETH에 달합니다. 엑시 하나가 6억 넘게 거래되고 있는 것입니다.

엑시인피니트에 이렇게 많은 사람들과 돈이 몰리는 가장 큰 이유는 말 그대로 돈이 되기 때문입니다. 블록체인 기술이 적용된 게임을 즐기면서 돈을 벌 수 있는 플레이 구조가 갖춰져 있는 것이 가장 결정적이라고 할 수 있습니다. 게임 자체적으로 토큰이코노미가 만들어져 있어서 게임으로 번 토큰을 현금화할 수 있고, 게임 속 아이템들을 사고 팔 수 있습니다.

특히, 게임 방식 자체가 단순하다 보니 누구나 접근할 수 있고 이를 통해 누구나 돈을 벌 수 있는 게임으로 인식되고 있습니다. 요즘 가장 핫한 트렌드인 NFT는 물론 게임파이의 컨셉까지 모두 갖추고 있다 보니 관심도 역시 높아질 수밖에 없습니다.

② 필리핀 서민 경제의 근간?

현재 엑시인피니티가 거의 열풍 수준으로 불고 있는 나라는 다름 아닌 필리핀입니다. 전체 사용자의 60% 정도가 필리핀에서 유입될 정도로 큰 인기를 끌고 있습니다. 물론, 게임 자체가 재미있다는 이유로 인기를 끈다기라기보다, 게임이 개발도상국의 서민들이 먹고 살 정도의 돈벌이 수단 역할을 해주고 있기 때문입니다. 코로나 팬데믹으로 인해 서민 경제에 위협이 되고 있는 상황에서 엑시인피니티가 서민들의 생계유지 수단이 되고 있다는 것입니다.

워낙 인기를 끌다 보니 핵심 캐릭터인 엑시를 구입하는 것이 부담스러운 사람들에게 엑시를 대여해주고 이자를 받는 서비스까지 나온 상황입니다. 단순한 설정을 가진 블록체인 기반 게임 하나에서 여러가지 파생 비즈니스가 생겨나고 있는 것으로도 볼 수 있는 부분입니다.

물론, 돈이 된다는 인식이 퍼져나가면서 아예 휴대폰 수백대를 놓고 24시간 게임을 돌리는 일종의 작업장까지 생겨난 것은 우려점으로 지목되고 있습니다. 엑시를 키우고 게임 아이템과 랜드, 재화 등을 현금화하는 전문적인 집단까지 생긴 것인데, 순수하게 게임을 통해서 돈을 벌 수 있는 것이 아니라, 이 자체가 돈벌이 수단으로만 집중되기도 하다보니 게임으로서 엑시인피니트의 가장 큰 장점 자체를 희석시킬 수 있다는 우려도 제기되고 있습니다.

엑시인피니티는 단순한 게임도 블록체인 기반을 통할 경우에 훌륭한 비즈니스가 될 수 있다는 점을 증명했다는 점이 개인적으로는 가장 눈에 띕니다. 이 단순성을 가진 게임이 한 나라의 서민 경제를 지켜준다는 점에서 그렇고, 하루에도 수백억 원, 수천억 원의 돈이 몰린다는 점에서 그렇습니다.

특히, 게임에서 파생된 별거 아닌 것 같은 것도 하나의 비즈니스가 된다는 측면에서 블록체인 시대에는 기존의 것도 새롭게 진화할 수 있는 가능성을 제공해주는 것 같기도 합니다.

19

메디블록

국산 케이(K) 코인들 가운데 가장 경쟁력 있는 프로젝트를 꼽자면, 메디블록을 빼놓을 수 없을 것 같습니다. 워낙 국내 대형 병원들의 러브콜을 받는 곳이다 보니, 기술력과 경쟁력은 국내 원 톱이라고 해도 과언이 아닐 것 같습니다.

하지만, 시세 측면에서 바라보자면 훌륭한 프로젝트가 시세가 좋지 않을 수 있다는 점을 보여주는 대표적인 사례 가운데 하나로도 꼽힙니다. 국내에서는 메디블록, 해외에서는 비체인의 경우가 자주 거론되는 것 같습니다. 혁신 실행 능력은 엄청 뛰어나고 이미 시장의 입증을 받았지만, 시세는 아직 부진하기 때문입니다. 이번에는 국내 토종 코인의 상징으로도 불리는 메디블록에 대해서 짚어보겠습니다.

• 베이직 체크포인트

메디블록은 블록체인 기반의 개인 의료정보 통합관리 플랫폼입니다. 현직 의사 출신들이 만든 프로젝트였다는 점에서 시작부터 시장의 주목을 받았습니다. 2017년 11월 메디블록은 ICO를 진행했는데, 약 300억 원의 투자자금을 확보할 정도로 나름의 주목과 인기를 끌었습니다.

메디블록은 여러 곳에 분산돼 있는 의료정보를 블록체인을 이용해 개인이 안전하게 관리할 수 있도록 하는 것을 핵심 컨셉으로 합니다. 정부나 의료기관이 아닌 개인이 정보 관리의 주체가 되게끔 하는 것이고, 이 과정에서 블록체인 기술이 활용되는 것입니다.

예를 들어 환자들은 각 의료기관마다 흩어져있는 진료 기록 등 의료 데이터들로 인해서 병원을 옮길 때마다 불필요한 검사나 진료를 반복해야 하는 경우가 존재합니다. 비용 측면에서도 시간 측면에서도 낭비가 되고 있는 현실을 우리는 당연하게 느낄 때가 적지 않습니다.

또, 다른 분야와 달리 의료 분야의 경우에는 개인정보 규제가 좀 더 엄격한 경우가 많고, 디지털화되지 않은 채 서류로 보관돼 있는 경우도 적지 않습니다. 이렇다 보니 의료 정보가 시스템적으로 관리되지 못하고, 결국 이로 인한 피해는 환자 개개인이 당연하게 감당해야 하는 것으로 인식돼 왔습니다.

메디블록은 이런 문제점을 해결해 환자 개인이 주체가 돼 의료정보를 관리할 수 있도록하기 위해서 고안됐습니다. 블록체인 기술을 통해 기존 의료정보 시스템을 환자 중심으로 '탈중앙화 시키는 것'에 방점을 찍는 것입니다.

• 이슈 체크포인트

① 대표적 K코인? 전형적 김치코인?

흔히 한국 코인 프로젝트를 김치코인이라고 부릅니다. 김치라는 한국 고유의 음식을 통해 한국적이라는 특징을 강조한 것으로 볼 수도 있지만, 외국적인 것보다 품질이 더 떨어진다는 측면에서 사용되는 경우도 적지 않습니다. 케이 팝을 김치팝이라고 부르지 않고, 케이 드라마를 김치 드라마라고 부르지 않는 것과 비교해 보더라도, 김치코인이라는 표현 속에는 다소 비하적인 인식이 깔려 있다는 점도 부인하기는 어렵습니다. 그래서, 좀 더 예의를 갖추자면 김치코인 보다는, 케이코인이라고 부르는 것이 더 적절하지 않나 생각됩니다.

메디블록을 비롯한 대부분의 케이코인은 요즘 암흑기를 이어가고 있습니다. 연초에 엄청난 상승세를 보이다가, 비트코인 하락기에 폭락을 겪었고, 아직 회복을 하지 못하고 있는 상황입니다. 메디블록의 경우 연초만 하더라도 시장의 호의적인 분위기와 백신 여권 이슈가 겹치면서, 3개월 동안 무려 3330%가 폭등하는 기염을 토해냈습니다. 김치코인 가운데 상당히 유망한 종목으로 꼽히기도 했습니다.

2021년 2월까지만 하더라도 10원 전후를 오르내리던 메디블록은 4월에는 400원 돌파를 눈앞에 뒀지만, 이후 비트코인의 전반적인 하락이 시작되면서 2021년 5월에는 100원 전후로 가격이 주저앉았고, 비트코인이 다시 전고 부근의 시세로 회복한 10월 현재, 여전히 80원과 90원대를 오르내리고 있는 상황입니다. 그래서 적잖은 사람들은 말합니다. 메디블록은 심정지가 온 것일까, 역시 김치코인은 가능성이 없는 것일까.

② 메디블록, 대기업들이 좋아하는 코인?

사실, 메디블록은 케이코인의 대표적인 상징과 같습니다. 이미 현실에서 적용돼 블록체인 혁신을 이뤄내고 있고, 국내 대형 병원들과 협업을 진행하고 있습니다. 삼성병원같은 대기업의 선택을 받은 프로젝트입니다. 최근 시세는 아쉽지만, 그래도 메디블록이 의미있는 소식을 전해오면서 관심의 중심에 섰습니다. 메디블록이 자체 개발한 의료정보 최적화 블록체인 플랫폼인 패너시에서, 한화그룹의 자회사가 참여하게 된 것입니다. 역시나 대기업의 선택이 이뤄졌다는 점에서 주목도를 높이고 있는 것입니다.

메디블록은 패너시어를 통해, 환자들이 본인 의료정보에 대한 주권을 되찾을 수 있도록, 안전하고 지속가능한 생태계 구성을 추구하고 있습니다. 이런 패너시어 이사회에 한화시스템의 자회사 엔터프라이즈 블록체인이 새롭게 참여하게 된 것입니다.

엔터프라이즈 블록체인은 지난 6월 한화생명에서 사업양도를 거쳐, 새롭게 출범한 한화시스템 자회사입니다. 세계적으로 긱 이코노미가 주목받는 환경에서, 노동 데이터와 금융 데이터를 기반으로 모든 사람들의 재능을 블록체인 기반으로 자산화하겠다는 것을 목표로하고 있습니다. 첫 사업으로 국내 최초 긱 워커를 위한 일거리 매칭 서비스인 요긱을 출시했습니다.

의료 정보 플랫폼에 노동과 금융데이터 기반의 플랫폼 사업자가 참여했다는 점은, 메디블록 프로젝트가 어떤 방향으로 확장하게 될 것인지를 가늠하게 만드는 지표로 해석할 수도 있을 것 같습니다. 지금은 메디블록의 주력 분야가 의료에 맞춰져 있지만, 인간의 노동과 노동 과정에서 필요한 금융, 건강 등 종합 휴먼 프로젝트 플랫폼으로의 확장성까지 생각해 볼 수 있는 부분입니다.

메디블록이 어떤 일을 벌이면 시장에서 대체로 호의적인 반응을 보이는 것은, 이미 시장에서 입증받은 기술적 역량 때문이라고 할 수 있습니다. 메디블록은 여러 기관에 흩어져있는 의료정보 뿐만 아니라 스마트폰을 포함한 여러 기기를 통해 생산되는 모든 의료정보를 안전하게 통합해 관리할 수 있게 해줍니다. 이른바 블록체인 기반의 의료 정보 오픈 플랫폼인 것이죠. 기존 의료기관과 정부 기관에 집중됐던 의료정보를 블록체인으로 옮겨오는 것을 통해 조금 더 소비자 친화적인 의료환경을 만들어 낼 수 있게 된 것입니다.

코로나 팬데믹으로 의료 정보에 대한 관심과 중요성이 그 어느때보다 높아지면서 메디블록의 미래지향적 비전은 물론, 지금 현재 실제로 사용되고 있다는 점에서 각광받았습니다. 미래 비전과 기술개발 수준이 아니라 실제 유틸리티 가치가 입증되고 있는 것입니다.

하지만, 비트코인 하락과 맞물려 국내 코인이 상대적으로 더 큰폭으로 하락하자, 일각에서는 국산 코인의 한계라는 비판이 나오기도 했습니다. 그런가하면, 아직 메디블록을 비롯한 김치코인들이 본궤도에 오르지 않은만큼 추가 시세 상승 가능성이 충분하다는 반론도 나오고 있습니다. 김치가 묵은지가 될 때까지 기다려야 되는 것이냐는 목소리가 터져나오고 있는 지금, 과연 비트코인의 폭락을 통한 영향으로 가격 폭락을 맞은 메디블록, 그리고 다른 김치코인들에게 미래는 없는 것일까. 메디블록의 경쟁력을 좀 더 분석해 보겠습니다.

③ 메디블록의 블록체인 의료 혁신

메디블록이 본격적으로 관심을 받았던 것은 이른바 '백신여권'과의 관련성 때문이었습니다. 메디블록은 2021년 3월 18일 개인의료정보 플랫폼 메디패스에 백신 접종 내역을 블록체인 기반의 분산 아이디로 증명하는 '백신패스' 서비스를 국내 최초로 출시한다"라고 밝혔습니다. 메디블록은 그러면서 "우선 접종 대상자인 코로나19 확진자 치료 병원 의료진과 상급종합병원, 병원급 의료기관 의료인들을 대상으로 먼저 테스트 기간을 통해 완성도를 확보한 뒤 이르면 4월 중으로 메디패스에서 백신패스 서비스를 공식 런칭할 예정"이라고 밝혔습니다.

코로나 펜데믹이 이어지는 상황에서 이런 소식은 호재로 작용했고, 개인 투자자들은 이 같은 소식과 메디블록의 블록체인 기술이 정부가 추진하는 '백신 여권' 시스템에 적용될 것이란 기대에 투자를 이어갔습니다.

당시 백신 여권은 코로나19 백신 접종 기록을 담고 있는 여권으로 국가간 입출국 때 용이하게 활용할 수 있다는 측면에서 도입을 위한 실무적인 논의가 범정부차원에서 이뤄졌습니다. 메디패스가 밝힌 백신패스 역시, 정부로부터 백신접종을 했는지를 보여주는 데이터를 받게 되면 백신여권으로도 활용할 수 있습니다. 하지만, 백신패스는 코로나19뿐만 아니라 여러 백신접종 증명을 블록체인을 통해 수월하게 할 수 있는 상품입니다. 그러니까, 코로나19 시기에 코로나 백신여권으로 활용될 수도 있지만, 그게 전부가 아니라는 것입니다. 결과적으로 메디블록이 백신여권 사업자로 선정되지 않았지만, 그 이상의 잠재력이 존재한다는 점도 부인하기는 어렵다는 것입니다.

예를 들면, 예전에는 황열 예방접종을 받기 위해서는 여권과 접종증명서까지 여러 서류를 챙겨야 했습니다. 도장을 찍고 확인을 받아야 하는 아날로그적인 과정이 필요했습니다. 그렇지만, 메디블록의 백신패스를 사용하면 이 모든 과정이 하나의 앱을 통해 간편하게 이뤄질 수 있습니다. 소비자 친화적인 의료환경 조성이 블록체인 기술을 통해서 구현되는 셈입니다.

물론, 현실은 메디블록의 계획을 따라주지 않았습니다. 정부가 메디블록이 아닌 다른 곳과 백신여권 시스템 개발에 들어간다는 소식이 전해지면서, 메디블록의 백신패스 역시 마치 무용지물인 것처럼 치부가 되면서 가격 하락으로 이어졌습니다. 코인시장에서 가치와 가격은 정비례하지 않는 경우가 많지만, 메디블록과 백신패스의 경우에는 가치 자체가 제대로 인식되지 못했던 측면이 존재했습니다

메디블록은 2021년 4월 14일 이용자의 간편한 실손 보험청구를 위해 서울의료원과 실손보험청구 서비스 '메디패스' 연동을 완료했다고 밝히며 다시금 조명받았습니다. 서울의료원은 서울시 공공의료기관으로 사스와 메르스, 신종 코로나바이러스 감염증(코로나19)까지 국가적 감염병 치료의 최일선에서 활약한 곳인 만큼, 메디패스가 서울의료원과 협업한다는 소식은 꽤 의미있게 받아들여졌습니다.

메디블록이 운영하는 간편보험청구 서비스 '메디패스'는 실손보험청구 진료기록을 내려받아 10초 안에 실손보험 청구를 할 수 있는 블록체인 기

술 기반의 간편보험청구 서비스입니다. 최대 5번의 터치로 가장 간편하고 빠르게 실손보험청구를 할 수 있도록 한 것이 특징입니다. 기존에 실손보험청구를 위해서는 복잡한 절차를 거쳐야 했지만, 메디패스를 활용하면 소비자 불편을 크게 줄일 수 있다는 점에서 큰 장점으로 꼽힙니다.

실손보험 청구 절차가 얼마나 까다로운지 아는 사람들은 메디패스를 사용하면, 그 진가를 알게 된다는 말이 나오기 시작했습니다. 가상화폐가 탈중앙화를 기본 컨셉으로 가지고 있는 것처럼 메디블록 역시 블록체인을 기반으로 개인 중심 통합 의료정보 플랫폼을 구축하고 있습니다. 블록체인 기술을 이용해 기존 의료정보 시스템을 환자 중심의 의료정보 시스템으로 전환시켜 개인정보의 탈중앙화를 이루는 것을 목표하고 있는 셈입니다.

메디블록을 통해 의료 소비자는 본인의 의료정보에 대한 완전한 소유 및 관리권한을 행사할 수 있습니다. 또, 의료 공급자는 의료 소비자의 동의 아래 의료정보를 기록하거나 연구 등의 목적으로 얻을 수 있습니다

메디블록이 가지고 있는 특징만 놓고보면 의료소비자와 공급자 모두에게 기존보다 더 나은 서비스를 제공한다는 점에서 혁신적이라고 할 수 있습니다. 하지만, 메디블록의 메디패스가 얼마나 일반화될 수 있는지가 관건입니다. 향후 서울의료원을 비롯한 여러 병원들과 협업을 진행하게 될 것으로 전해지는 만큼, 이런 실용적 측면이 확실하게 입증된다면 메디블록 코인의 가치 역시 크게 상승할 가능성이 있습니다. 다만, 이런 특징과 장점에도 불구하고 아직 초기 단계이기 때문에 어느 정도 확장성을 가질지는 단언할 수 없는 상황입니다. 이러한 부분은 메디블록의 한계점

으로 지목되고 있고, 자연스럽게 메디블록의 코인 시세에도 한계점으로 작용하고 있다는 분석도 나오고 있습니다.

메디블록을 비롯한 국산 코인에 투자할 때는 어느 정도 리스크가 존재하는 것도 부인하기 어렵습니다. 오를 때는 폭등하지만, 주저앉을 때는 한없이 주저앉고, 회복 속도도 투자자의 마음을 따라주지 않습니다. 그럼에도 불구하고 적잖은 사람들은 적어도 메디블록이 망할 가능성은 없다는 점에 동의하는 모습입니다. 이미 현실에서 상용화됐고 대형 병원들과 협업을 하고 있다는 점이 근거로 제시됩니다. 여기에 플랫폼 확장 노력까지 하고 있으니, 메디블록이 망하거나 상장폐지 되는 일은 쉽게 상상하기는 어려울 것 같기도 합니다.

물론, 투자의 목적이 수익이라는 점에서 최근 메디블록을 비롯한 케이코인의 성과는 아쉬운 부분을 느끼게 할 때가 적지 않습니다. 그럼에도 불구하고, 프로젝트의 목적을 충실히 수행하고 있는 코인의 경우에는 여전히 실망보다는 가능성에 대한 부분이 좀 더 크지 않나 생각됩니다. 메디블록 등 국내 프로젝트는 장점과 단점이 상당히 분명한 만큼, 투자하실 때는 이런 부분들 종합적으로 고려하실 수 있으면 좋겠습니다. 건실한 프로젝트라고 시세가 올라가는 것과 비례하지는 않는다는 점은 코인 시장에서는 여전히 아쉽게 느껴지는 부분입니다.

20

페이코인

2021년 업비트에서 상장폐지되면서 엄청난 시세 폭락을 경험했던 페이코인. 하지만 아는 사람들은 잘 알고 있듯이 K 코인들 가운데 상당한 생태계 구축 역량을 가진 것으로 평가받는 프로젝트 가운데 하나입니다. 페이코인이 그래봤자 김치코인 아니냐,라고 생각할 수도 있지만 해외 가맹점수가 3천만 개가 넘는다는 점을 곱씹어서 생각해볼 가치가 있어 보입니다. 시간이 지날 수록 가맹점수 증가를 통해 생태계를 확장해 나간다면, 우리는 굳이 외국에 나갈 때 환전을 할 이유가 사라지게 될지도 모릅니다. 페이코인의 현재보다 미래가 더 주목받는 이유입니다.

• 베이직 체크포인트

페이코인이 시작부터 다른 김치코인보다 더 주목을 받았던 것은 페이코인을 만든 곳이 결제 전문 업체인 다날이었기 때문입니다. 결제 전문 회사가 블록체인 기반의 가상화폐를 만들었다는 그림 하나만으로도 뭔가 미래지향적인 분위기를 자아내기에는 충분했습니다.

다날은 1990년대 휴대폰과 인터넷이 세상이 바뀔 것이라는 비전을 갖고 세계 최초로 휴대폰 결제를 개발한 곳입니다. 2020년대 블록체인이 세상을 바꿀 수 있다는 점을 간파하고 가상화폐 시장에 도전한 것으로 볼 수 있습니다. 적어도 시장과 미래를 내다보는 비전은 어느 정도 갖춘 곳으로 평가받는 곳입니다. 이런 비전적인 측면이 분명하게 존재하기 때문에 페이코인의 특징점 또한 명확합니다. 무엇보다 수수료 부분은 사용자들에게 상당히 매력적인 부분입니다. 신용카드 수수료의 1/8 정도에 불과하기 때문입니다.

이런 점은 시장에서도 의미있게 받아들여지고 있습니다. 페이코인은 2019년 4월 출시이후 가입자 수가 150만 명을 넘어섰고, 회원수는 2020년 초와 비교했을 때 3배 이상 증가했습니다. 특히 가맹점 수가 계속해서 증가하고 있다는 점에서 향후 페이코인의 확장성은 더 크게 이뤄질 가능성이 높습니다. 페이코인은 CU편의점, 세븐일레븐, 도미노 피자 등 국내 7만여개 제휴 가맹점을 확보하고 있는데요.

페이코인 가맹점 수는 국내외에서 꾸준히 확대되고 있는 가운데, 페이코인 앱을 통해 비트코인 거래까지 활성화된다는 점에서 토큰 경제의 확장성까지 담보하고 있는 것으로 볼 수 있습니다.

여기에 페이코인의 해외 가맹점 확장 속도에 따라서 더 의미있는 성장을 기대해볼 수 있는 부분이 아주 선명하게 존재합니다. 다날 측은 이미 일본과 동남아시장을 거쳐 유럽과 미국으로 확장할 것이라는 점을 분명히 한 만큼 페이코인은 잠재적인 호재가 상당 부분 존재합니다.

• 이슈 체크포인트

| 페이코인 & 비트코인 결제 지원 |

2021년 페이코인과 관련한 여러 호재성 소식들이 전해졌지만 가장 눈에 띄는 부분은 비트코인 결제 지원이 정식으로 시작됐다는 것 아닐까 생각됩니다. 비트코인 결제는 페이코인 인프라를 그대로 이용하기 때문에 별도의 가맹점 동의나 시스템 추가 없이 바로 이뤄집니다.

페이코인 앱에서 비트코인 결제가 가능해지면서, 비트코인 보유자는 필요한 시점마다 즉시 페이코인으로 전환해서 결제에 사용할 수 있습니다. 기술적 과정은 페인코인 앱에 비트코인 지갑을 만들고, 내가 가진 비트코인을 이 지갑으로 송금한 뒤 페이코인으로 전환해서 결제하면 됩니다.

페이코인은 비트코인을 시작으로 이더리움과 아이콘 등 다른 암호화폐들과의 연동도 추가할 것으로 알려졌습니다. 물론, CU같은 편의점이나, 교보문고 등 브랜드 있는 매장에서 비트코인을 사용한다는 것은 꽤 의미있는 일이긴 합니다. 문제는 과연 내가 가진 비트코인을 굳이 페이코인 앱으로 송금해서, 이걸 페인코인으로 바꿔서 사용할 필요가 있는지입니다.

과정 자체가 번거롭기도 하고, 피자 한 판 먹는데 앞으로 엄청나게 가치가 오를 지도 모를 비트코인을 쓴다는 것도 사람에 따라서 저항감을 느낄 수 있는 부분입니다.

실제로 페이코인 앱을 통해 비트코인 결제를 사용한 사람들의 후기를 보면, 굉장한 미래를 보여주는 것이긴 하지만, 이런저런 불편함때문에 아직은 시기상조인 것 같다는 의견이 적지 않습니다.

일단 소비자 입장에서는 비트코인 송금 수수료가 적잖이 듭니다. 거래소 지갑에서 페이코인 지갑으로 전송할 때 거래소별로 0.0009BTC에서 0.001BTC 정도를 수수료로 내야 합니다. 2021년 7월 1일 자정 기준으로는 무려 4만 원에 달하는 돈입니다. 1000만 원 정도 어치를 송금할 때 4만 원 정도 수수료야 낸다고 생각할 수도 있겠지만, 페이코인 결제를 위해서 수수료 4만 원을 낸다는 것은 굳이 이걸 이용할 이유를 없애는 요인이기도 합니다. 피자 1판 사먹기 위해서 피자 2판값을 수수료로 내야 하기 때문입니다.

비트코인의 느린 전송속도 역시 문제점으로 거론됩니다. 사용자에 따라 비트코인이 페이코인 앱으로 전송이 완료되는데 1시간 반에서 2시간 정도 걸렸던 것으로 알려지면서, 효용성에 여전히 물음표를 남기고 있습니다. 자칫 네트워크에 거래가 몰리면 더 늦어질 수도 있기 때문입니다. 현재 단계에서는 급하게 결제가 필요할 때는 사용이 사실상 불가능한 것입니다.

현재 페이코인을 사용해 결제하는 사용자들은 대부분 페이코인이 저가일 때 사놨다가 가격이 올랐을 때 사용하는 방식으로 혜택을 누리는 경우가 적지 않습니다. 앱 자체를 통해 할인 혜택이 주어지는 것도 혜택이지만, 시세 차익을 통한 혜택을 활용해서 혜택의 범위를 늘리는 것입니다. 그런데, 굳이 동네 편의점 가거나, 피자 시켜먹을 때 복잡한 과정에 비싼 수수료를 지급할 필요나 이유는 애써 찾기 어려운 것입니다.

| 페이코인, 지금보다 미래 유망주? |

물론, 이 부분은 현재 단계에서는 아쉬운 지점이지만, 사실 미래적 가치를 봤을 때는 매우 의미있는 한 발을 뗐다고 볼 수 있습니다. 페이코인 앱에서 비트코인을 직접 매수할 수 있으면 대부분의 문제가 해결될 수 있고, 비트코인 역시 업그레이드를 앞두고 있는 만큼 전송 속도 이슈도 크게 개선될 여지가 있습니다.

특히, 페인코인이 가진 가맹점 얼라이언스는 지금보다 앞으로가 더 기대되게 만드는 부분입니다. 페이코인은 국내에만 7만 개, 해외에 3천만 개의 가맹점을 확보하고 있습니다. 지금 상황에서 해외 3천만 개는 별 의미 부여가 되지 않지만, 코로나 이후의 상황을 그려보면 상황 자체가 크게 달라집니다.

현재 비트코인 결제는 전 세계적으로 빠르게 확산되고 있습니다. 세계 곳곳에 비트코인 ATM 기기가 빠르게 설치되고 있고, 엘살바도르처럼 아예 전국민이 사용하는 법정화폐로 채택하는 곳도 있습니다. 코로나 이후 여행이 자유로워질 경우 페이코인은 환전의 이슈를 거의 완벽하게 해결하게 될 가능성이 높습니다. 해외에서 현금 도난의 우려는 물론, 환율 때문에 복잡하게 생각할 일도 사라지게 됩니다. 비트코인과 페이코인을 활용해 결제할 수 있는 곳이 현재 3천만개 수준에 추후 더 확대될 것을 염두에 둔다면 주요 여행지에서는 얼마든지 환전없이 비트코인과 페이코인으로 결제를 할 수 있는 상황을 그려볼 수 있습니다.

그래서, 페이코인의 비트코인 결제 지원은 지금보다 앞으로가 더 기대되는 이슈가 될 수밖에 없습니다. 안 그래도 상장폐지로 인해서 시세는 바닥을 쳐버렸지만 이후 빗썸에 상장되면서 다시금 재기를 누리고 있는 모습을 보이고 있습니다. 기술적인 개선이 좀 더 이뤄지고, 코로나 이슈가 해소된다면 페이코인의 가치는 지금보다 훨씬 더 높아질 가능성이 충분합니다.

물론, 이 시기가 언제가 될지 지금 단계에서 예단할 수는 없습니다. 1년이 될지 5년 이후가 될지 모릅니다. 그래서, 언제가 될지 모를 호재를 기대하며 지금 신규매수하는 것은 그렇게 좋은 결정 같지는 않다고 개인적으로는 느껴집니다. 장점과 단점이 동시에 존재하기 때문에 충분히 리서치를 해보실 것을 권유드립니다.

EPILOGUE

블록체인 터닝시대,
구글 이후의 세상이 오고 있다.

지금 우리가 살아가고 있는 이 시대에 신이 있다면 그건 구글(Google)일 것이다라는 말이 있습니다. 그만큼 구글에는 전 세계에서 엄청난 양의 정보가 몰려들고 있습니다. 구글의 중앙화된 시스템 안에는 그만큼 수많은 정보가 집적돼 있고, 지금의 구글은 단순 검색 엔진 이상의 의미를 갖게 만드는데 결정적인 역할을 한 것은 바로 데이터입니다.

구글이라는 중앙화된 시스템에 엄청난 데이터들이 몰려있다보니, 종종 구글은 탈중앙화 블록체인의 반대지점에서 해석되는 경우도 있습니다. 그래서 구글 이후의 시대에는 블록체인의 시대가 열릴 것이라는 전망도 나오고 있습니다. 중앙화된 구글의 시스템에서 발생하는 여러 단점과 문제점을 블록체인 기술을 통해서 해결할 수 있고, 그렇게 새로운 인터넷 이후의 시대가 열리게 될 것이라는 점입니다. 개인적으로는 이같은 전망은 반은 맞고 반은 틀리다고 생각합니다.

먼저, 구글의 세상은 그렇게 쉽게 저물지 않을 것이고, 구글 역시 블록체인 혁신에 걸맞는 엄청난 수준의 혁신을 계획하고 있기 때문입니다. 이런 구글의 노력을 가장 상징적으로 보여주는 것은 바로 양자컴퓨터입니다.

❙ 구글이 꿈꾸는 양자컴퓨터 세상 ❙

구글이 양자컴퓨터를 세상에 공개한 것은 2019년입니다. 기존의 슈퍼컴퓨터가 계산을 하면 1만 년이 걸리는 걸 양자컴퓨터는 200초 안에 수행을 한다고 합니다. 당시 구글은 양자컴퓨터 개발 로드맵을 발표하면서 양자컴퓨터는 가장 정확하게 자연을 시뮬레이션하고 실험할 수 있다. 10년 안에 오류 보정 문제를 끝내고 지금까지 해결하기 어려웠던 에너지, 환경, 의료, 우주 등 여러 분야에 적용할 수 있을 것이라고 밝혔습니다.

보통 양자컴퓨터를 설명할 때 얽힘, 중첩 같은 양자 역학을 기반으로 한 미래형 슈퍼 컴퓨터라고 설명하는데, 우리같은 일반인에게 중요한 포인트는 세상에 없던 능력을 갖춘 상상 이상의 컴퓨터가 10년 안에 상용화될 수 있고 신약 새발, 신물지, 우주 항공 등 지금까지 인류가 풀지 못한 과제를 양자 컴퓨터가 해결해 줄 수도 있을 것이라는 점입니다.

구글이 언론을 통해 공개한 양자컴퓨터의 모습을 보면, 우리가 통상 알고 있는 컴퓨터의 모습보다는 과거 집 한 채 공간을 차지하던 1세대 컴퓨터의 모습이 좀 더 미래적으로 구현된 모습에 가깝습니다.

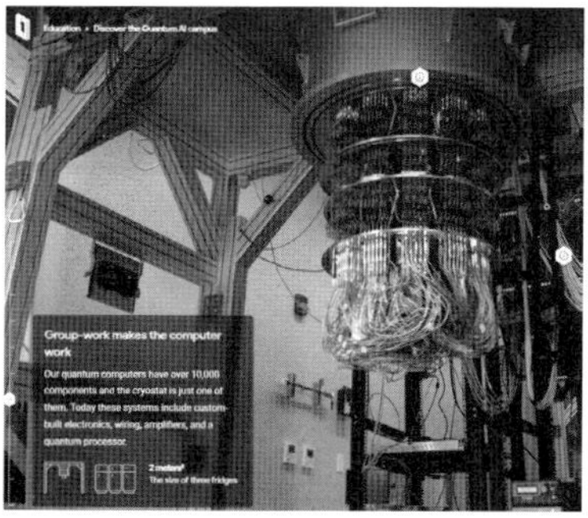

구글 양자컴퓨터 (출처 : 구글 홈페이지)

금속의 원기둥 형태로 사이즈가 되게 큰 통조림 캔처럼 생겼는데, 사실 저 통 안에는 비슷한 구조의 통 6개가 겹겹이 채워져 있고, 가장 안쪽이 통에는 양자 프로세서인 시커모어가 설치돼 있습니다. 양자에 접근할 수 있는 모든 외부 자극을 완전히 차단하고 극저온 상태를 유지하기 위해 고안된 디자인입니다.

이를 통해, 각 통은 진공상태로 유지되고 지구 자기장, 열, 적외선 등 우리 눈에 보이지 않는 모든 것들에 대한 노출이 거의 완벽에 가깝게 차단됩니다. 얼핏 들어도 뭔가 대단하긴 대단한데, 이 양자컴퓨터가 상용화되면 어떤 것들을 기대할 수 있는 것일까.

양자 컴퓨터로 인류가 얻게 될 혜택에 대해서 구글은 자연 자체가 양자역학 기반이기 때문에 자연을 그대로 양자 컴퓨터에 시뮬레이션할 수 있다라고 설명합니다. 그러니까, 지금까지 자연계에서 벌어지는 일들 가운데 인류가 이해 못하는 현상들을 양자 컴퓨터로 시뮬레이션해서 엄청난 계산 능력으로 풀어낼 수 있다는 것입니다.

즉, 신소재를 개발하거나 불치병 치료제를 만들어내거나 효율이 높은 배터리를 개발하고 전략망 효율성을 개선하는 등 당장 인류의 삶과 직결된 과제를 양자 컴퓨터로 해결할 수 있을 것이라는 기대감이 깔려 있습니다. 우주의 영역으로 확장하면 블랙홀의 신비, 태양계 너머의 존재 등에 대한 부분도 지금과 다른 차원의 방식의 연구가 이뤄질 수 있을 것로 기대되고 있습니다.

이런 무시무시한 프로젝트를 진행하는 구글은 앞으로 10년 정도 뒤에는 양자컴퓨터가 상용화 될 수 있을 것으로 기대하고 있습니다. 이를 위해 6단계 마일스톤 계획을 세워놓고 2021년 현재 2단계 작업을 수행하고 있습니다. 무엇보다 안정화가 어려운 양자비트를 이용해 데이터를 계산하는 과정에서 오류 발생률이 높고, 제어하기 어렵다는 점이 가장 우선시 되는 극복대상으로 거론되고 있습니다.

세간에서 10년 뒤 구글 주식이 50배 간다, 100배간다 이런 말이 나오는데는 구글이 개발 중인 이 무시무시한 양자컴퓨터가 한몫을 한다고도 볼 수 있습니다. 당장은 돈이 되기보다, 돈이 들어가는 더 정확히 돈 먹는 하마에 가까운 기술이지만 일단 세상에 풀리면 지금과는 다른 세상, 인류가 경험하지 못한 세상을 바라보게 될 수도 있는 그런 기술이기 때문입니다. 물론, 중간에 실패를 할지 어떻게 될지는 아무도 모른다는 점에서 기대와 희망, 어느 정도의 리스크가 섞여 있는 것으로 볼 수 있습니다.

| 양자 컴퓨터 vs 블록체인 |

그렇다면, 구글이 양자컴퓨터를 완성하게 되면 비트코인 등 암호화폐의 근간이 되는 블록체인 역시 뚫리게 되는 것일까? 이런 생각도 충분히 해볼 수도 있을 것 같습니다. 양자 컴퓨터의 엄청난 처리 능력을 고려하면, 충분히 그럴 가능성도 존재할 것이라고 생각해볼 수 있기 때문입니다. 하지만, 양자컴퓨터가 완성도 높게 상용화된다고 하더라도, 가까운 미래에 벌어지긴 어렵습니다. 왜냐하면 양자컴퓨터라는 창을 막을 수 있는 방패에 대한 개발 역시 속도감 있게 진행되고 있기 때문입니다.

또, 기술이라는 것이 나만의 독점이 되기보다, 서로 주고 받으면서 업그레이드 될 가능성이 높다는 점에서, 헤겔이 이야기한 정반합의 논리가 생기면서, 구글의 양자컴퓨터와 구글의 기존 단점을 대체하는 블록체인이 공존할 것이라는 이야기입니다.

사실 이 부분은 좀 어려운 개념이어서 간단히 정리를 해보겠습니다. 양자컴퓨터에 대한 대응으로 표준화 개발에 착수된 것이 이른바, 양자내성암호입니다. 양자내성암호는 양자컴퓨터로도 풀기 어렵다고 알려진 수학 문제에 기반해서 만들어지기 때문에, 안정적인 암호화가 가능하다는 것입니다. 즉, 양자컴퓨터의 기술 발전만큼, 암호학계 역시 패러다임 변화에 발맞춘 발빠른 대응을 이어오고 있다는 것입니다. 영원히 안전한 보안이라는 개념은 애시당초 성립할 수 없는 만큼, 새롭게 개발되는 창에 대비한 안정적인 방패를 만드는 노력 역시, 이미 전 세계적으로 진행되고 있는 것입니다. 양자컴퓨터가 상용화될 때는, 양자 방패 역시 세상에 나오게 될 것이라는 이야기로도 볼 수 있습니다.

비트코인이나 블록체인 맹신자의 경우에는 다를 수 있겠지만, 우리 같은 일반적인 투자자의 입장에서는 미래에 다가올 수 있는 두 가지 상황은 모두 의미있는 투자 상식으로서 숙지를 해야 하지 않을까 생각합니다. 특히, 세상이 변혁 이상의 수준으로 급격한 변화를 보일 가능성이 높아졌다는 점에서, 가만히 멍 때리고 있다가는 바보처럼 손가락만 빨고 있을지도 모르기 때문입니다.

지금 이 시대를 지배하고 있는 구글 등 빅테크들이 그리는 미래 역시 충분히 의미가 있고, 방향성은 다를 수 있지만 비트코인으로 상징되는 블록체인 기술 역시 구글 세상이 가진 단점들을 해결하면서 더 나은 혁신의 방향성을 보여주는 것 역시 분명한 사실 아닐까 생각됩니다.

거인들이 그려가는 세상의 미래는 일반인인 우리가 생각하는 것보다 훨씬 더 크고 장엄하기 마련입니다. 이들이 꾸는 꿈과 내가 꾸는 꿈의 방향성을 맞춰가는 것도 투자자만이 느낄 수 있는 매력 가운데 하나가 아닐까 싶습니다. 구글이 그리는 세상 속 살면서, 블록체인 세상 속으로 들어와 계신 여러분들은 그만큼 더 큰 기회를 잡을 수 있는 가능성이 더 높지 않을까 생각합니다.

이번에 준비한 이야기는 여기까지입니다. 암호화폐와 블록체인 등 지금 이 시대의 혁신을 이해하시는데 조금이나마 도움이 될 수 있으면 좋겠습니다. 부족하지만 긴 이야기 들어주셔서 고맙습니다. 지금까지 크립토 노마드였습니다.

크립토 노마드

| 약력 및 경력

- 유튜브 '크립토 블라블라' 진행자, 저술가, 기업가

비트코인 블라블라 : 코린이를 위한 30가지 체크 포인트

발행일 2021년 12월 30일
편저자 크립토 노마드
발행처 지식오름
발행인 조순자
편집·표지디자인 권희정
주 소 경기도 파주시 산남로 11-11, 가동(산남동)
전 화 070-7445-4351
팩 스 031-942-1152

ISBN 979-11-91292-29-9
정 가 16,000원